フードデザイン学習ノート

もくじ

第1章　食生活と健康
① 食事の意義と役割 ……………………… 2
② 食をとりまく現状 ……………………… 3

第2章　栄養素のはたらきと食事計画
① 栄養素のはたらき ……………………… 8
② ライフステージと栄養 ………………… 22
③ 食事摂取基準と食事計画 ……………… 25

第3章　食品の特徴・表示・安全
① 食品の特徴と性質 ……………………… 30
② 食品の生産と流通 ……………………… 46
③ 食品の選択と表示 ……………………… 48
④ 食品の衛生と安全 ……………………… 50

第4章　調理の基本
① 調理とおいしさ ………………………… 54
② 調理操作 ………………………………… 56
③ 調味操作 ………………………………… 61

第5章　料理様式とテーブルコーディネート
① 料理様式と献立 ………………………… 64
　　クローズアップ① ……………………… 66
　　クローズアップ② ……………………… 70
② テーブルコーディネート ……………… 72

第6章　フードデザイン実習
① 献立作成 ………………………………… 76
　　クローズアップ③ ……………………… 80
　　クローズアップ④ ……………………… 82
　　クローズアップ⑤ ……………………… 84
　　クローズアップ⑥ ……………………… 86
　　クローズアップ⑦ ……………………… 88

第7章　食育
① 食育の意義と推進活動 ………………… 90

食品成分表 …………………………………… 92
調理実習の記録 ……………………………… 94
振り返りシート ……………………………… 108
実験の記録 …………………………………… 110
視聴記録 ……………………………………… 112

本書の使い方

本書は，実教出版発行の教科書（家庭703）「フードデザイン」に準拠した学習ノートです。教科書の構成にあわせた展開とし，教科書の内容を確実に理解するとともに，食についての学習をより深めることができるようにしています。授業用ノートとしてまとめや板書を記入したり，プリントを貼付したり，復習や試験前の対策，自学自習などにこの学習ノートを役立ててください。

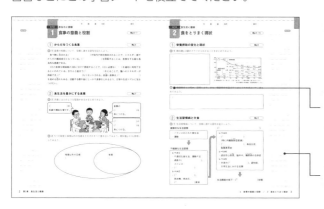

指導資料付属の授業展開スライド（PowerPoint）に準拠しています。

観点別マーク
知……知識・技術の定着を図る問題
思……思考・判断・表現力をはぐくむ問題

各ページ（MEMO）と各章末（NOTE）にフリースペースを設けています。

第1章　食生活と健康

1 食事の意義と役割

教p.6〜7

① からだをつくる食事

教p.6

知-1 食事の役割について，空欄に適する語句を記入しよう。

　食べ物に含まれる(1　　　　　　　　　)が体内で消化吸収されることで，エネルギー源やからだの構成成分となっている。(2　　　　　　　　　)を摂取することは，食事をする最も基本的な意義である。

　1日の食事を朝昼晩の3回に分けて摂取することで，1日に必要な(　1　)を適切に利用できるといわれている。きちんと起きて(3　　　　　　　　　)をとることで，脳へのエネルギーが供給でき，(4　　　　　　　　)もリセットされる。夜遅い食事は，(5　　　　　　　　　　　)を高める恐れもある。活動する朝や昼にしっかり食事をとれるよう，日常の生活リズムに気をつけたい。

② 食生活を豊かにする食事

教p.7

知-1 共食にはどのような役割があるかまとめてみよう。

(1　　　　　　　　)の
知識や興味を増やす。

食事の
(2　　　　　　　　)を
身につける。

(3　　　　　　　　)や
(4　　　　　　　　)を
身につける。

知-2 5つの味覚と味覚以外の五感をそれぞれすべて書き出してみよう。教科書p.93も参考にしてみよう。

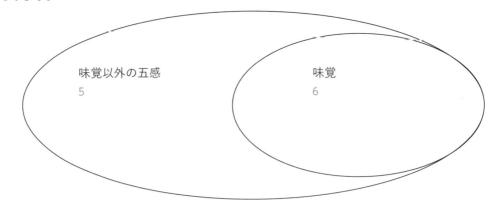

味覚以外の五感
5

味覚
6

第1章 食生活と健康

2 食をとりまく現状

教p.8〜15

MEMO

① 栄養摂取の変化と現状

教p.8

知 **1** 教科書p.8❶のグラフからわかることをまとめてみよう。

1

注)穀類総量は「米・加工品」「小麦・加工品」「その他の穀類・加工品」からなる。
厚生労働省「国民健康・栄養調査報告」による

知 **2** 健康寿命とは何か，説明しよう。また，健康寿命を延ばすにはどうすればよいか，まとめてみよう。

2

② 生活習慣病と欠食

教p.9

 1 生活習慣病について，空欄に適する語句を記入しよう。

健康的な生活習慣

・バランスのとれた食生活
・運動

↓

不健康な生活習慣

レベル1
・不適切な食生活，運動不足
・過度の(1　　　　　　　)，ストレス
・(2　　　　　　　)

レベル2
・(3　　　　　　　)，高血糖，高血圧，(4　　　　　　　)異常

(5　　　　　　　　　　　　　　　　)

レベル3
・(6　　　　　　　)（特に内臓脂肪型肥満）
・(7　　　　　　　)，高血圧症，脂質異常症

レベル4
・虚血性心疾患，脳卒中，糖尿病の合併症

レベル5
・半身の(8　　　　　　　)，認知症，日常生活における支障

↓

生活機能の低下・(9　　　　　　　)状態

③ ライフスタイルの変化

教p.10～11

知 **1** 「食の外部化」について，空欄に適する語句を記入しよう。

（¹　　　　　　　　　）世帯や，ひとり暮らしをする高齢者などの（²　　　　　　　　　　）
が増加し，生活スタイルの多様化に伴い食の外部化が進んでいる。手軽に食べられるファスト
フードやファミリーレストランなどの（³　　　　　　　　　）や，総菜など調理ずみ食品を持ち
帰って食べる（⁴　　　　　　　）が増えている。

知 **2** インターネットやスマートフォンの普及は食にどのような変化をもたらしたか，まとめ
てみよう。

```
5


```

知 **3** 「食の簡便化」のメリットとデメリットについてまとめてみよう。

メリット	デメリット
6	7

知 **4** 次の文はどの「コ食」を説明しているか，右の語群から選び，線で結ぼう。

・個人個人が同じものばかり食べること　①・　　　　　・ア 粉食

・ひとり（特に子どものみ）で食べること　②・　　　　　・イ 小食

・家族がそれぞれ別のものを食べる，
　もしくはそれぞれの部屋で食べること　③・　　　　　・ウ 孤食

・体型などを気にして成長期に少ししか食べないこと④・　　　・エ 固食

・かたい食べ物を嫌い，ご飯でなくパンやめんなど
　粉物しか食べないこと　⑤・　　　　　・オ 個食

思 **5** 地域の「子ども食堂」や「学校朝食」についてインターネットなどで調べてみよう。

	名称	運営団体	特徴
子ども食堂			
学校朝食			

④ 食料自給率と食品ロス 〔教p.12〕

知 **1** 次の空欄に適する語句を記入しよう。

日本の食料自給率（熱量ベース）は，1970年に60％であったが，2020年には37％と，主な先進国と比べてきわめて(¹　　　　　　　)。これは，日本の産業構造の変化((²　　　　　　)の減少，製造業やサービス業が増加)，食の(³　　　　　　　　)といった食生活の変化などが要因となっている。

思 **2** 食品ロスを減らすための具体的対策を，さまざまな場面において考えてみよう。

食品ロスを減らすには	買い物では	4
	外食では	5
	調理では	6

⑤ 食品の安全と環境の変化 〔教p.13〜15〕

思 **1** 食の安全をおびやかす「動物へのウイルス」について調べてみよう。

ウイルスの名前	どのようなことが起こったか
1	2

知 **2** 新しい品種の開発が進められている理由をまとめ，開発方法を語群から選ぼう。

・(³　　　　　　　)による洪水や干ばつ

・動物への(⁴　　　　　　　)の感染流行などによる(⁵　　　　　　)の制限や停止

・世界の人口増加による(⁶　　　　　　　)

開発方法
(⁷　　　　　)…異なる品種をかけ合わせることで，ゲノムが混じり合いさまざまな性質が得られる。
(⁸　　　　　)…他の生物の遺伝子をゲノムに組みこみ，計画的に性質を変える。
(⁹　　　　　)…人工酵素を使って，ねらったDNA配列に突然変異を起こし，計画的に性質を変える。

交配　　　遺伝子組換え　　　ゲノム編集

知 **3** 次の用語にあてはまる説明を線で結ぼう。

ポストハーベスト　①・　　　　　　　・**ア**　その土地でとれたものを消費すること。

スローフード　②・　　　　　　　・**イ**　輸入農産物に，輸送中に害虫やかびの発生を防ぐため収穫後に農薬が散布されること。

地産地消　③・　　　　　　　・**ウ**　生物体をエネルギー源や工業原料として利用することや，その生物体。再生可能な資源で，化石資源を除いたもの。

バイオマス　④・　　　　　　　・**エ**　自分たちの「食」を安い輸入品やグローバル企業に頼らず，地元食材から買うことで，地域経済だけでなく，伝統的な文化や暮らしを守る，という考えに賛同して活動すること。

思 **4** 身近な伝統野菜を調べて，特徴やその野菜を活用した料理についてまとめてみよう。

野菜の名前	特徴	その野菜を使った料理

思 **5** 「伝統食」について地域の「ご当地グルメ」，「ソウルフード」などと呼ばれる料理を調べてみよう。

料理の名前	料理の特徴，歴史，使われている食材　など	応用レシピ

思 **6** 教科書p.15を参考に，食に関するSDGsの取り組みについて考えてみよう。

17の目標から，興味のあるものを選ぼう

目標に向けて，できることを考えてみよう

番号	目標	身近な取り組みの内容
2	飢餓をゼロに	例）食糧自給率の向上，旬の食材を用いた和食継承，食品ロス率を下げる

第2章 栄養素のはたらきと食事計画

1 栄養素のはたらき

教p.16〜41

1 食物の摂取と栄養

教p.16〜17

知 **1** 栄養の役割について，次の問いに答えよう。

(1) 栄養素の種類と役割を線で結び，空欄に適切な数字を記入しよう。

発生エネルギー（1gあたり）

はたらく力となるエネルギーをつくる　①・　　・ア　炭水化物　$(^1$　　)kcal

・イ　脂質　$(^2$　　)kcal

からだの骨や組織・筋肉などをつくる　②・　　・ウ　たんぱく質　$(^3$　　)kcal

・エ　ミネラル

からだの機能を調節する　③・　　・オ　ビタミン

(2) 栄養とは何か，説明しよう。

4

(3) 栄養素とは何か，説明しよう。

5

知 **2** 人のからだの物質構成（成人）について，空欄に適する語句を記入しよう。

物質		男性 (%)	女性 (%)
水分	細胞内液・外液，$(^6$　　　　　)	7	55
脂肪	$(^8$　　　　　)（貯蔵脂肪）・細胞膜	15	9
10	$(^{11}$　　　　　)・臓器・ホルモン・酵素	20	20
糖質	$(^{12}$　　　　　)・血糖	1	1
ミネラル	$(^{13}$　　　　)・歯	4	4

MEMO

知 **3** 空腹感と食欲について，空欄に適する語句を選択肢から選び，記号で答えよう。

　人が生きるためには，1日3回程度の食事が必要である。「食べ物を食べる」という行動は，脳の(^{14}　　　　　)で調節されている。胃に食べ物がないことや血液中の(^{15}　　　　　)や(^{16}　　　　　)濃度の変化によって，人は不快な感覚である(^{17}　　　　　)を感じる。これを解消するために食べるという行動を行い，(^{18}　　　　　)を感じて食べるのをやめる。

　(^{19}　　　　　)は「食べ物を食べたい」という欲望である。(19)は食経験によってつくられる感覚であり，味覚や(^{20}　　　　　)，(^{21}　　　　　)などの影響を受ける。

> **ア**．食欲　**イ**．ぶどう糖　**ウ**．空腹感　**エ**．ホルモン　**オ**．視床下部
> **カ**．アルコール　**キ**．脂肪酸　**ク**．満腹感

知 **4** 栄養素の消化と吸収について，次の問いに答えよう。

(1)　消化と吸収について，説明しよう。

消化とは…22

吸収とは…23

(2)　次の物理的消化作用の種類について，説明しよう。

| そしゃく 24 |
| かくはん 25 |
| 移行 26 |

(3)　次の図の消化器官の名称と，各消化器官で吸収される栄養素の名称を答えよう。

口腔
食道
肝臓
胆のう
すい臓
十二指腸(28)
空腸(28)
水分
大腸
回腸(28)

(^{27}　　　　　)

27

(^{28}　)

十二指腸〜空腸

> (^{29}　　　　　)・鉄・カルシウム・マグネシウム・(^{30}　　　　　)・(^{31}　　　　　)・カリウム・脂溶性ビタミン・塩素・水溶性ビタミン

回腸

> 胆汁酸・(^{32}　　　　　)・ビタミンB$_{12}$

② 炭水化物

教p.18〜21

知 **1** 食品に含まれる主な糖質について，次の表の空欄に適する語句を記入しよう。

分類	名称	加水分解生成物	多く含む食品
単糖類	1 （グルコース）		くだもの，ジュース
	2 （フルクトース）		くだもの，ジュース，はちみつ
	ガラクトース		ほとんどない
二糖類	3 （スクロース）	ぶどう糖・果糖	菓子類，さとうきび
	4 （ラクトース）	ぶどう糖・ガラクトース	乳製品
	麦芽糖（マルトース）	ぶどう糖（2分子）	麦芽，水あめ
多糖類	5	ぶどう糖（多数）	穀類（精白米，パン，めん類），いも類

知 **2** 糖質の消化吸収について，教科書p.19❽の図の空欄に適する糖質分解酵素を記入しよう。

(6　　　　　　　　　　)

(7　　　　　　　　　　)

(8　　　　　　　　　　)

(9　　　　　　　　　　)

(10　　　　　　　　　　)

知 **3** 食後の糖質代謝について，空欄に適する語句を記入しよう。

食事を摂取すると，小腸から吸収された(11　　　　　　　　　　)が血液中に急激に増える（(12　　　　　　　　　　)の上昇）。その後，血液中の(11)が肝臓，筋肉，脂肪組織などの組織に取りこまれる。肝臓と筋肉では，(11)から(13　　　　　　　　　　)をつくって貯蔵する。

知 **4** グリコーゲンについて，説明しよう。

14

知 **5** 運動時の糖質代謝について，無酸素運動と有酸素運動に分け，教科書p.20❶の図の空欄に適する語句を記入しよう。

▶無酸素運動

筋　肉

グリコーゲン
（分解）
エネルギー

15

▶有酸素運動

筋　肉

グリコーゲン
（酸化分解）

16

エネルギー　　エネルギー

CO_2・

17

16

中性脂肪
（脂質の貯蔵物質）

脂肪組織

(15　　　　　　　)

(16　　　　　　　)
(17　　　　　　　)

知 **6** 食物繊維について，次の表の空欄に適する語句を記入しよう。

分類	成分	含まれる食品
水溶性食物繊維 （すいようせいしょくもつせんい）	水溶性(18　　　　　　　　)	くだもの・野菜
	19	こんにゃく
	アルギン酸	海藻（かいそう）
	アガロース	かんてん
不溶性食物繊維	20	植物性食品
	不溶性(　18　)	くだもの
	21	えびやかにの殻（から）

知 **7** 食物繊維のはたらきについて，語群を参考にしてまとめてみよう。

22

　　水溶性食物繊維　　　不溶性食物繊維　　　腸内環境（かんきょう）　　　エネルギー源

③ 脂質

教p.22〜25

知 **1** 食品中に含まれる脂質を3つあげてみよう。

(1) (2) (3)

知 **2** 次の選択肢のイラストを，飽和脂肪酸，一価不飽和脂肪酸，多価不飽和脂肪酸に分類してみよう。

飽和脂肪酸(4)　　一価不飽和脂肪酸(5)

多価不飽和脂肪酸（n-6系）(6)

ア　　　　　　　　　　　　　イ　　　　　　　　　　　　　ウ

知 **3** 必須脂肪酸（不可欠脂肪酸）について，説明しよう。

7

知 **4** 以下の構造を図示してみよう。

中性脂肪（トリアシルグリセロール）　　　　　**リン脂質**

8

9

知 **5** コレステロールの特徴について，空欄に適する語句を選択肢から選び，記号で答えよう。

コレステロールは動物や植物の(10)の成分である。また，(11)や(12)などのステロイド類の材料として利用される。食品中やからだのなかでは，コレステロールの多くは(13)が結合したエステル型コレステロールとして存在する。コレステロールは(14)，たらこやいくらなどの(15)，うなぎ，(16)に多く含まれる。食品からの摂取量の約2倍量のコレステロールが人の肝臓でつくられるため，コレステロールの摂取量を減らしても血液中のコレステロール濃度は下がりにくい。

ア. 脂肪酸　　**イ.** 胆汁酸　　**ウ.** 細胞膜　　**エ.** ステロイドホルモン

オ. 魚卵　　**カ.** 鶏卵　　**キ.** いか

知 6 中性脂肪の消化吸収について，教科書p.24㉑の図の空欄に適する語句を記入しよう。

(17　　　　　　　)
(18　　　　　　　)
(19　　　　　　　)
(20　　　　　　　)

```
                        中性脂肪
口腔
胃
         [ 17 ]        [ 18 ] 乳化 →  ← 分解 [ 19 ]
小腸
                   モノアシルグリセロール，脂肪酸
微絨毛膜
                        吸 収
                        再合成
                        中性脂肪
                        [ 20 ]
吸収細胞
リンパ管                  リンパ液
血管                     血液 → 全身
```

知 7 リポたんぱく質の種類とはたらきについて，空欄に適する語句を記入しよう。

分類	はたらき
21	小腸で吸収された中性脂肪を脂肪組織に運ぶ。
22 （超低密度リポたんぱく質）	肝臓でつくられた中性脂肪を脂肪組織に運ぶ。
23 （低密度リポたんぱく質）	肝臓からさまざまな組織にコレステロールを配る。血管などにコレステロールがたまると動脈硬化症などのリスクが高まるため，一般に(24　　　　　　　　　　　)といわれる。
25 （高密度リポたんぱく質）	さまざまな組織の余分なコレステロールを肝臓に回収する。一般に(26　　　　　　　　　　　)といわれる。

知 8 脂質の代謝とはたらきについて，空欄に適する語句を記入しよう。

　食事を摂取すると，小腸から吸収された中性脂肪が(27　　　　　　　　　　　　)によって皮下脂肪や内臓脂肪などの脂肪組織に運ばれる。また，食後に血液中から肝臓に取りこまれたぶどう糖から(28　　　　　　　　　)がつくられるが，あまったぶどう糖から中性脂肪もつくられる。

　空腹時には血液中のぶどう糖が減っているため，(29　　　　　　)以外の組織ではぶどう糖を十分に利用することができない。そのため，(29)以外ではエネルギー源として(30　　　　　　　)が利用される。脂肪組織にためておいた中性脂肪が(30)に分解されて，(29)以外のさまざまな組織に運ばれる。肝臓以外の組織では，(30)が酸化分解されて(31　　　　　　　)と(32　　　　　　　)になり，その過程でつくられるエネルギーがその組織で利用される。肝臓では(30)を完全に分解することができないため，(33　　　　　　　)が合成される。

④ たんぱく質

教p.26〜29

知 **1** たんぱく質を構成する元素をすべて書き出してみよう。

> 1

知 **2** 必須アミノ酸（不可欠アミノ酸）について説明しよう。

> 2

知 **3** 分枝アミノ酸（分岐鎖アミノ酸，BCAA）について説明しよう。

> 3

知 **4** たんぱく質の消化吸収について，教科書p.27㉘の図の空欄にあてはまる分解酵素を記入しよう。

(4)
(5)
(6)
(7)
(8)
(9)

たんぱく質

口腔	←分解	4
胃	ポリペプチド	5
十二指腸	6 →	7
小腸		
微絨毛膜	8 →←	9

アミノ酸

吸　収

アミノ酸

□ たんぱく質分解酵素　　　門脈 → 肝臓

吸収細胞

知 **5** たんぱく質の代謝とはたらきについて，空欄に適する記号を選択肢から選び，記号で答えよう。

　血液中の(10　　　　　)は，(11　　　　　)や(12　　　　　)などさまざまな組織に取りこまれて，生命を維持するために必要なたんぱく質の材料として利用される。成人では，毎日約(13　　　　　)gのからだのたんぱく質が(　10　)から新しく合成され，ほぼ同じ量のたんぱく質が(　10　)に分解される。(　10　)の一部はさらに分解されて尿中に排せつされるため，私たちは成人になっても(　10　)を補充するために毎日約(14　　　　　)gのたんぱく質を食べなくてはならない。

| **ア.** 60 | **イ.** 230 | **ウ.** 肝臓 | **エ.** 筋肉 | **オ.** アミノ酸 |

知 6 アミノ酸組成と栄養価について，空欄に適する語句を記入しよう。

　たんぱく質の摂取は，からだのたんぱく質をつくる材料となる(15　　　　　　　　　)を供給することである。食品たんぱく質の種類によって，それぞれのアミノ酸含量は異なるため，必要なアミノ酸を(16　　　　　　　　　)含む食品たんぱく質を摂取する必要がある。たとえば，(17　　　　　　　　　)であるリシンの含量が少ない食品たんぱく質を摂取した場合には，からだのなかでたんぱく質を合成する時にリシンが不足するため，必要なたんぱく質を十分につくることができない。したがって，栄養価の高いたんぱく質は，(17)が(16)含まれているたんぱく質である。

思 7 アミノ酸スコアの計算をしてみよう。

必須アミノ酸	アミノ酸評点パターン（18歳以上）(mg/gたんぱく質)	食パンのアミノ酸組成(mg/gたんぱく質)	アミノ酸評点パターンに対する比率
ヒスチジン	15	27	180
イソロイシン	30	42	140
ロイシン	59	81	18
リシン	45	23	19
含硫アミノ酸	22	42	20
芳香族アミノ酸	38	96	253
トレオニン	23	33	143
トリプトファン	6.0	12	200
バリン	39	48	123

(1) 上の表の空欄にあてはまる数値を計算してみよう。

(2) 食パンの第一制限アミノ酸は何か答えよう。　(21　　　　　)

(3) 食パンのアミノ酸スコアを答えよう。　(22　　　　　)

(4) 食パンに合う食品の組み合わせによるたんぱく質の補足効果の例を考えてみよう。

23

MEMO

⑤ ミネラル

教p.30〜33

知 1 ミネラルについて，説明しよう。

```
1
```

知 2 ミネラルの種類とはたらきについて，空欄に適する語句を記入しよう。

	種類	主なはたらき	欠乏症・過剰症	多く含む食品
多量ミネラル	2	(3　　　　　　)や歯をつくる	欠乏すると(4　　　　　　　　　　)になりやすい。	5
	マグネシウム	(　3　)や歯をつくる 酵素のはたらきを助ける	欠乏すると不整脈，神経障害が見られ，慢性的に欠乏すると虚血性心疾患を誘発する。	6
	7	(　3　)や歯をつくる リン酸化合物のもとになる	欠乏するとくる病，歯槽膿漏になりやすい。とりすぎると(　2　)の吸収を妨げる。	8
	9	(10　　　　　　)や酸性・アルカリ性などのバランスを保つ	とりすぎると(11　　　　　　)や脳卒中になりやすい。	12
	13	(　10　)や酸性・アルカリ性などのバランスを保つ	とりすぎると腎機能障害や不整脈になりやすい。	14
微量ミネラル	15	(16　　　　　　)の色素成分をつくる	欠乏すると鉄欠乏性(17　　　　　)になりやすい。	18
	亜鉛	酵素のはたらきを助ける	欠乏すると発達が遅くなり，皮膚炎や(19　　　　　)の低下をまねく。	20
	銅	酵素のはたらきを助ける	欠乏すると(　17　)になりやすい。	21
	マンガン	酵素のはたらきを助ける	欠乏すると運動失調を起こしたり，生まれてくる子どもが虚弱になり，死亡率が高い。	22
	ヨウ素	(23　　　　　)ホルモンをつくる	欠乏すると甲状腺機能が低下し，甲状腺がはれてくる。成人ではからだのなかの栄養素の燃焼が不活発になり，子どもは発育に影響が出てくる。	24

知 **3** カルシウム・リン・マグネシウムについて述べた次の文章を読み，下線部が正しいものには○を，間違っているものは正しい答えを記入しよう。

(1) カルシウムは，からだのなかの含量（がんりょう）が最も少ないミネラルである。(25　　　　　　)

(2) カルシウムはリンやマグネシウムと一緒（いっしょ）に骨や歯をつくっている。(26　　　　　　)

(3) カルシウムに対してリンの摂取量（せっしゅ）が2倍を超えるとカルシウムの吸収率は上昇（じょうしょう）する。
(27　　　　　　)

(4) カルシウムの吸収率は牛乳に含（ふく）まれる乳糖やたんぱく質によって上昇する。
(28　　　　　　)

(5) カルシウムの吸収率は野菜に含まれるシュウ酸，穀類に含まれるフィチン酸，食物繊維（しょくもつせんい）によって上昇する。(29　　　　　　)

(6) 骨は合成と分解を常に繰（く）り返しながら骨量を一定に保っているが，成長期には骨の合成が分解を上回る。(30　　　　　　)

知 **4** ナトリウムとカリウムについて，空欄に適する語句を選択肢から選び，記号で答えよう。

ナトリウムとカリウムはからだの(31　　　　　　　)や酸性・アルカリ性の(32　　　　　　)を調節し，(33　　　　　　)を適正に保つはたらきをしている。

ナトリウムは(34　　　　　)(NaCl) として摂取している。和食には(34)そのものや(34)を多く含むみそ・(35　　　　　　)・漬（つ）け物などが欠かせないため，世界的に見ても日本人の(34)摂取量は多い。しかし，(34)の摂取量が多すぎると，(31)のバランスを保つために血圧が(36　　　　　　)しやすくなる (((37　　　　　　)))。

ア. しょうゆ	**イ**. 食塩	**ウ**. バランス	**エ**. 上昇	**オ**. 血圧
カ. 高血圧症（こうけつあつしょう）	**キ**. 浸透圧（しんとうあつ）		

知 **5** 教科書巻末p.5を参考に，15～17歳における，日本人の食事摂取基準（2020年版）の食塩摂取目標量を，男女それぞれ調べてみよう。

男性……(38　　　　　　　　) 女性……(39　　　　　　　　)

思 **6** 血圧の上昇を抑えるためにどのような工夫があるか，考えてみよう。

```
40


```

知 **7** 鉄が不足するとどのような状態になるか，まとめてみよう。

鉄が不足すると，赤血球が十分な量の(41　　　　　　　)を全身に運ぶことができなくなる (((42　　　　　)))。(42)になると，(43　　　　　　　)，息切れ，だるさ，皮膚や粘膜（ねんまく）が(44　　　　　　)なる，などの症状（しょうじょう）が現れる。

⑥ ビタミン

教p.34〜37

知 1 ビタミンについて，空欄に適する語句を記入しよう。

ビタミンは人が生きるために必要な成分で，わずかな量で(1〔　　　　　　　　　　〕)を発揮する(2〔　　　　　　　　　　〕)である。一部のビタミンはからだのなかでつくられるが，それだけでは必要量に満たないため(3〔　　　　　　　　〕)から摂取しなくてはならない。ビタミンは不足すると(4〔　　　　　　　〕)になる。

知 2 ビタミンの種類とはたらきについて，空欄に適する語句を記入しよう。

	種類	主なはたらき	欠乏症	多く含む食品
(5)〔　　　〕ビタミン	ビタミンA	(6〔　　　　〕)を調節する 成長を助ける	不足すると(7〔　　　　　〕)になるのは，視紅が合成されなくなるためである。	8
	9	(10〔　　　　〕)を強くする	不足すると，子どもではくる病，大人では(　10　)の病気になる。	11
	ビタミンE	からだを酸化から守る	(12〔　　　　　〕)の低下。	13
	ビタミンK	(14〔　　　　〕)を固まりやすくする	不足すると出血しやすくなる。	15
水溶性ビタミン	16	(17〔　　　　〕)の分解を助けてエネルギーをつくりやすくする	食欲がなくなり，むくみ・しびれなどが起こる。さらには(18〔　　　　〕)などの病気になる。	19
	20	(　17　)や脂質の酸化分解を助けてエネルギーをつくりやすくする	舌やくちびるに炎症が起こり，(21〔　　　　　〕)や貧血になる。	22
	ビタミンB₆	(23〔　　　　　〕)の合成と分解を助ける	抗生物質を長期間使っていると不足し，皮膚炎や貧血が起こる。	24
	ビタミンB₁₂	正常な(25〔　　　　　〕)をつくるのを助ける	悪性貧血が起こる。	26
	27	(　17　)や脂質の酸化分解を助けてエネルギーをつくりやすくする	ペラグラや口舌炎になる。	28
	29	正常な(　25　)をつくるのを助ける	大血球性貧血。妊娠期に欠乏すると，神経管閉塞障害発症のリスクが高まる。	30
	31	からだを酸化から守る	出血しやすくなり，(32〔　　　　　〕)になる。	33

知 **3** ビタミンAとビタミンDについて，空欄に適する語句を選択肢から選び，記号で答えよう。

ビタミンAとビタミンDはそれぞれの(34 _____)から合成されて利用される。

(34)Aは，β-カロテンに代表される(35 _____)である。これは(36 _____)に色素として含まれており，日本人にとって重要なビタミンA供給源である。

ビタミンDは食事から摂取する以外に，(37 _____)が当たることによって皮膚で(34)Dから合成される。日本人のビタミンD摂取量の80％は(38 _____)から摂取している。しかし，最近では(38)の摂取量が減っており，さらに美容のために(37)を避ける人が増えているため，日本人の約半数はビタミンDが不足している。

ア. 緑黄色野菜　**イ.** 魚　**ウ.** 紫外線　**エ.** プロビタミン　**オ.** カロテノイド

知 **4** ビタミンB群について，次の問いに答えよう。

(1) ビタミンB群に含まれるものに○をつけよう。

ビタミンB_1	ビタミンB_2	ビタミンB_6	ビタミンB_{12}	葉酸
ビタミンC	β-カロテン	ナイアシン	ビタミンE	ビタミンK
ビオチン	パントテン酸	カロテノイド	プロビタミン	

(2) からだのなかで起こっているさまざまな酵素反応を助けるはたらきがあるが，このことを何というか答えよう。　　　(39 _____)

(3) ビタミンB_1，ビタミンB_2，ナイアシンはどのようなはたらきをしているか，答えよう。

40

知 **5** 次の空欄に適する語句を記入しよう。

ビタミンC，ビタミンE，β-カロテンなどのカロテノイドは活性酸素と素早く反応して安定化し，他の成分を酸化から守っている。これを(41 _____)という。

ビタミンCを多く含むのは野菜と(42 _____)に限られ，特に(42)の摂取量が少ない若い世代でビタミンC摂取量が減っている。ビタミンCが不足すると皮膚や骨の(43 _____)が正常に合成できなくなり，(44 _____)になる。

けがや手術では出血するが，しばらくすると傷口の血液が固まる（血液凝固）。(45 _____)は血液凝固に関与するたんぱく質（血液凝固因子）をつくるために必要である。(45)が不足しやすい(46 _____)や乳児では，脳や消化管から出血しやすい。

脳梗塞や心筋梗塞などの(47 _____)がつまりやすい病気では，治療のために血液を(48 _____)する薬を服用する。このような人は，(45)を多く摂取すると薬が効きにくくなるため，(45)を多く含む(49 _____)は食べないほうがよい。

⑦ その他の食品成分

教p.38〜39

知 **1** 水について，次の問いに答えよう。

(1) 次の空欄に，適する語句を記入しよう。

水は体重の約(1　　　　　　　)％を占め，(2　　　　　　　　　)を維持するために重要なはたらきをしている。主に(3　　　　　　　　　)に存在する水が体重の
(4　　　　　　　　)％を占め，残りの(5　　　　　　　　　)％は細胞の間や血液などのように細胞外に存在する。

(2) 1日の水の出入りについて，次の空欄に適する語句を記入しよう。

	(6　　　　　　)	糞便	(7　　　　　　　　)
排せつ量	1,000 〜 1,500mL	100mL	900mL

	(　　　　)		(　　)
摂取量	800 〜 1,200mL	1,000mL	300mL
	飲料水	食物中の水	(8　　　　　　　　)

(3) 水分が不足すると，血液などの浸透圧が上昇する。この時分泌されるホルモンを何というか，答えよう。　　　　　　　　　　　(9　　　　　　　　　　　)

(4) 発汗による脱水の時はどのように対応したらよいか，考えてみよう。

> 10

知 **2** 機能性成分について，空欄に適する語句を選択肢から選び，記号で答えよう。

食べ物には，栄養素のほかにも人の健康に役立つ成分が含まれる。これらの成分を(11　　　　　　　　)という。(11)は食べ物の三次機能にかかわっている。(11)のはたらきには，(12　　　　　　　　)や，(13　　　　　　　　)や(14　　　　　　　　)を正常に保つ作用などがある。(11)には，ポリフェノール類に分類され，赤ワインやブルーベリーに含まれる(15　　　　　　　)や，緑茶に含まれる(16　　　　　　　)などがある。

おなかの調子を整えたり，血圧やコレステロール値を正常に保ったりするはたらきをもつ食品を，(17　　　　　　　)として(18　　　　　　　)が定めている。おなかの調子を整える食品に含まれる成分としては，(19　　　　　　　)，(20　　　　　　　)，(21　　　　　　　)などがあげられる。(17)によって生活習慣による健康リスクが減ることが期待される。

> **ア.** 乳酸菌　　　**イ.** アントシアニン　　　**ウ.** オリゴ糖類　　　**エ.** 食物繊維
> **オ.** カテキン　　**カ.** 消費者庁　　**キ.** 抗酸化作用
> **ク.** 特定保健用食品（トクホ）　　**ケ.** 脂質代謝　　**コ.** 機能性成分　　**サ.** 血圧

⑧ エネルギー

教p.40～41

知 1 エネルギー代謝について，説明しよう。

```
1
```

知 2 エネルギー代謝の概要について，空欄に適する語句を記入しよう。

(2 　　　　　　　　　　)
(3 　　　　　　　　　　)
(4 　　　　　　　　　　)
(5 　　　　　　　　　　)
(6 　　　　　　　　　　)
(7 　　　　　　　　　　)

```
2
3
4
```
吸気からの
```
5
```
ぶどう糖
脂肪酸
アミノ酸

ぶどう糖，脂肪酸，アミノ酸を分解して得られたエネルギーは生命活動に利用される

ATP
```
7    6
```
→ 呼気へ
→ 尿へ
窒素化合物

知 3 エネルギーとなる栄養素の1gあたりのエネルギー量を，それぞれ答えよう。

炭水化物
8　kcal

脂質
9　kcal

たんぱく質
10　kcal

知 4 基礎代謝量，活動代謝量をそれぞれ説明しよう。

基礎代謝量

```
11
```

活動代謝量

```
12
```

知 5 自分の1日に必要なエネルギー量を計算してみよう。

計算式

1日に必要なエネルギー量（　　　　　　　　　　）kcal

第2章　栄養素のはたらきと食事計画

2 ライフステージと栄養

教p.42〜47

① 乳幼児期の栄養

教p.42〜43

知 **1** 乳幼児期の栄養についてまとめてみよう。

> 1

知 **2** 次の空欄に適する語句を記入しよう。

　母乳のなかでも出産して3〜5日後の（2　　　　　　　）には，（3　　　　　　　），
（4　　　　　　　），β-カロテンが特に多く含まれる。また，（5　　　　　　　）
を高めるたんぱく質も多く含まれるため，乳児を感染症から守るはたらきをしている。

　母乳が出にくい場合や母親が不在の場合などには，人工乳が利用される（（6　　　　　　　））。
母乳では栄養素が十分でない場合には，母乳に加えて人工乳も利用される（（7　　　　　　　））。
健康児のための育児用粉乳の成分は，（8　　　　　　　）によって定められている。

知 **3** 離乳食の特徴をまとめた次の表の，空欄に適する語句または数字を記入しよう。

		1回あたりの目安量					
		I	II	III			
		穀類（g）	野菜・くだもの（g）	魚（g）または肉（g）	または豆腐（g）	または卵（個）	または乳製品（g）
離乳初期	生後5〜6か月ころ	（9　　　　　　　）から始める。すりつぶした野菜なども試してみる。慣れてきたら，つぶした豆腐・白身魚・卵黄などを試してみる。					
離乳中期	生後7〜8か月ころ	全がゆ50〜80	20〜30	10〜15	30〜40	（10　　　）1〜全卵1/3	50〜70
離乳後期	生後9〜11か月ころ	全がゆ90〜（11　　　）80	30〜40	15	45	全卵（12　　　）	80
離乳完了期	生後12〜18か月ころ	（11）90〜（13　　　）80	40〜50	15〜20	50〜55	全卵1/2〜2/3	（14　　　）

思 **4** 幼児期の間食を考えてみよう。

> 15

② 青少年期の栄養

（教p.44〜45）

知 **1** 青少年期の栄養の特徴について，空欄に適する語句を記入しよう。

	からだの特徴	栄養の特徴
学童期 6〜12歳	からだが (1　　　　　　　) に成長	からだの成長や発達に必要な (4　　　　　　　)や(5　　　　　　)， (6　　　　)や(7　　　　　　)など のミネラル，代謝に必要な (8　　　　　　)などを十分に摂取する。 女子は月経による鉄の損失があるため，貧血 にならないように（ 6 ）を多く摂取する。 高齢期の骨粗しょう症を予防するためにもこ の時期に（ 7 ）やビタミンDを十分に摂取 する。
思春期 男子10〜19歳 女子8〜18歳	(2　　　　　)や (3　　　　　)など の各臓器・組織の成長 がめざましい	
青年期 思春期〜20歳代	身体活動も活発	

知 **2** 青少年期の食の問題点をまとめてみよう。

9

知 **3** 学校給食で多く含まれている栄養素をあげてみよう。

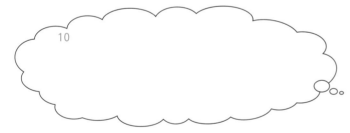

10

③ 成人期の栄養

（教p.45〜47）

知 **1** 成人期の栄養の特徴について，空欄に適する語句を記入しよう。

　30歳以降は(1　　　　　　　　)の消費量が減るため，からだに脂肪がたまりやすくなり，特に男性で(2　　　　　　　　)が増える。内臓に脂肪がたまり，高血糖や高血圧，脂質異常が重なると，(3　　　　　　　)などの心血管疾患のリスクが高まる。

　(4　　　　　　　)予防のために脂質と食塩の摂取量を減らし，ビタミンやカルシウムを多くとるように心がける。

　妊婦や授乳婦では，エネルギー必要量が増加し，エネルギー産生を助ける(5　　　　　　　　　)の必要量も増加する。たんぱく質，ビタミンC，ビタミンD，(6　　　　　　)の必要量も増加する。また，妊娠初期には(7　　　　　　　)が必要であるため，妊娠する可能性のある女性はサプリメントなどを利用して（ 7 ）を十分に摂取する必要がある。妊婦は，肥満，貧血，低栄養，(8　　　　　　　　　)に注意する。

MEMO

知 **2** スポーツと栄養について，まとめてみよう。

スポーツ種目	効果的栄養素摂取
(9　　　　　　　)を必要とするスポーツ	筋肉をつくり，強くするために良質の(10　　　　　　　)を多くとる。
(11　　　　　　　)を必要とするスポーツ	持続的な運動エネルギー源は(12　　　　　　　)が使われるので，太らない程度に(13　　　　　　　)を多めにとる。
(14　　　　　　　)を必要とするスポーツ	肝臓や筋肉に(15　　　　　　　)をためておくと，即効的にエネルギーとして利用できるので，トレーニングをして貯蔵量を増やし，試合前の食事は(16　　　　　　　)を多くする。

④ 高齢期の栄養

教p.47

知 **1** 次の言葉はどのような状態をさすか，教科書p.47から抜き出そう。

・ロコモティブシンドローム………(1　　　　　　　　　　　　)
・サルコペニア…………………………(2　　　　　　　　　　　　)
・フレイル………………………………(3　　　　　　　　　　　　)

知 **2** 高齢期に起きやすい健康上の問題と食生活の注意点について，空欄に適する語句を記入しよう。

高齢期に起きやすい問題	食生活における対応
味覚機能の低下	・(4　　　　　　　)摂取が多くならないよう濃い味に気をつける。
嚥下機能の低下	・(5　　　　　　　)などでとろみをつけたり，卵でとじるなどして(6　　　　　　　)を防ぐ。 ・ひき肉やミキサーなどの利用，加熱調理の工夫により(7　　　　　　　)する。
低栄養	・穀類にかたよらず，魚・肉・卵・乳製品・大豆などの良質(8　　　　　　　)含量の高い食品を十分とる。
便秘	・食物繊維だけでなく，十分な(9　　　　　　　)摂取に気を配る。 ・食事量が極端に少なくなっていないか注意する。
骨粗しょう症	・(10　　　　　　　)，(11　　　　　　　)，ビタミンKなどが多く含まれる食材を積極的に取り入れる。 ・良質な(　8　)を十分にとる。

思 **3** 骨粗しょう症を防ぐ献立を考えてみよう。

> どのような栄養素を多くとるとよいだろうか。

献立	この献立を選んだ理由

第2章 栄養素のはたらきと食事計画

3 食事摂取基準と食事計画

教p.48〜53

MEMO

① 日本人の食事摂取基準

教p.48〜51

知 1 「日本人の食事摂取基準」とは何か，まとめてみよう。

1

知 2 食事摂取基準の指標について，説明文と合うものを線で結ぼう。

推奨量 ①・

目安量 ②・

目標量 ③・

耐容上限量 ④・

・ア 現在の摂取量で不足していないと考えられる栄養素について定められているもの

・イ 習慣的に摂取しても健康障害が起こらない摂取量の上限として定められているもの

・ウ 生活習慣病の予防のために目標とすべき摂取量のこと

・エ 97.5％の人の必要量を満たすと推定される量のことで，科学的根拠をもとに算出する推定平均必要量から求められる

知 3 エネルギー出納バランスについて，空欄に「多い・少ない・同じ」のいずれかあてはまるものを記入しよう。

・エネルギー消費量より摂取量が(2　　　　　　　　)→体重や体脂肪は増加する

・エネルギー消費量より摂取量が(3　　　　　　　　)→体重や体脂肪は減少する

・エネルギー消費量と摂取量が　(4　　　　　　　　)→体重や体組成は一定

思 4 自分のBMIを算出してみよう。

$$BMI = \frac{体重（\qquad）kg}{身長（\qquad）m × 身長（\qquad）m}$$

自分のBMI…（　　　　　　　　）

知 5 エネルギー産生栄養素バランスとは何か，まとめてみよう。

5

思 **6** 教科書巻末p.5〜6を参考に，自分の食事摂取基準の数値を記入しよう。脂質目標量，炭水化物目標量は＊①，＊②を参考に計算してみよう。

自分の年齢（　　　　）歳　　　性別（　　　　　）　　身体活動レベル（　　　　　　　　）
推定エネルギー必要量………（　　　　　　　　）kcal

推定エネルギー必要量 (kcal)	たんぱく質 推奨量（g）	脂質 目標量 (g)	炭水化物 目標量 (g)	食物繊維 目標量（g）	ビタミンA 推奨量 (μgRAE)
		＊①	＊②		
ビタミンD 目安量（μg）	ビタミンB₁ 推奨量 (mg)	ビタミンB₂ 推奨量 (mg)	ビタミンC 推奨量 (mg)	ナトリウム （食塩相当量） 目標量（g）	カリウム 目安量 (mg)
カルシウム 推奨量 (mg)	鉄 推奨量 (mg)				

＊①脂肪エネルギー比率　20〜30%

（_____）kcal×20〜30/100÷9kcal
　エネルギー摂取量　　　　脂肪　　　　　　1gあたり
　　　　　　　　　　　エネルギー比率　　発生エネルギー

＊②炭水化物エネルギー比率　50〜65%

（_____）kcal×50〜65/100÷4kcal
　エネルギー摂取量　　　　炭水化物　　　　1gあたり
　　　　　　　　　　　エネルギー比率　　発生エネルギー

MEMO

② 食事計画   教p.52〜53

教科書巻末p.4を参考に，4つの食品群について，次の問いに答えよう。

知 **1** 下表は朝食と昼食の献立の例である。1〜5に適する食品群名を記入しよう。

思 **2** Bに自分の年齢・性別・身体活動レベルに合わせた1日の食品群別摂取量のめやすを，CにはB−A（朝食・昼食によって得られた食品の重量（g））により算出した数値を記入しよう。

	献立名	食材名	分量(g)	1群 乳・乳製品	1	2	2群 豆・豆製品	3	4	3群 くだもの	5	4群 油脂	砂糖	食事バランスガイドSV
朝食	トースト	食パン	80								80			主食1
	ミネストローネ	ベーコン	20			20								副菜1 主菜1
		トマト	50					50						
		じゃがいも	30						30					
		玉ねぎ	30					30						
		にんじん	30					30						
		大豆	20				20							
	ヨーグルト	ヨーグルト	100	100										牛乳・乳製品1
	果物	いちご	50							50				くだもの1
昼食	ちらし寿司	米	80								80			主食1
		砂糖	9										9	主菜1 副菜1
		干ししいたけ	5					5						
		かんぴょう	4					4						
		にんじん	15					15						
		卵	25		25									
		さやえんどう	5					5						
		のり	1					1						
	すまし汁	絹ごし豆腐	30				30							副菜1
		わかめ（塩蔵）	5					5						
		三つ葉	10					10						
A朝食・昼食の合計				100	25	20	50	155	30	50	160	0	9	
B食品群別摂取量のめやす														
C食品群別摂取量のめやすに対する不足分（B−A）														

思 3 前ページの表の朝食と昼食の場合，夕食はどのような献立にすればよいだろうか。不足分を補うことができる夕食を考え，朝食・昼食にならって表に記入しよう。

| | 献立名 | 食品名 | 分量(g) | 1群 | | 2群 | | 3群 | | | 4群 | | | 食事バランスガイドSV |
				乳・乳製品	卵	魚介・肉	豆・豆製品	野菜	いも	くだもの	穀類	油脂	砂糖	
夕食														

思 4 朝食・昼食・夕食について，食事バランスガイドのSVの表に記入しよう。また，合計の色をコマに塗って表してみよう。

（主食/黄色，副菜/緑，主菜/赤，牛乳・乳製品/紫，くだもの/青）

	朝食	昼食	夕食	合計
主食				
副菜				
主菜				
牛乳・乳製品				
くだもの				

主食→ 1 2 3 4 5 6 7 8
副菜→ 1 2 3 4 5 6 7
主菜→ 1 2 3 4 5 6
牛乳・乳製品→ 3 2 1 2 3 ←くだもの

MEMO

1 食品の特徴と性質

教p.54～79

1 穀類

教p.54～57

知 1 穀類の特徴について，空欄に適する語句を記入しよう。

穀類は炭水化物を約(1 　　　　　　　)％含んでおり，大部分は(2 　　　　　　　)である。私たちの主食となり重要な(3 　　　　　　　)源となる。

うるち米のでんぷんは，(4 　　　　　　　)をおよそ20％，

(5 　　　　　　　)をおよそ80％の割合で含む。もち米のでんぷんは，ほぼ100％アミロペクチンである。

知 2 調理上の性質について，以下の問いに答えよう。

(1) でんぷんの糊化について，空欄に適する語句を記入しよう。

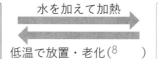

| 生でんぷん (6 　　　　　) | 水を加えて加熱 → ← 低温で放置・老化(8 　　) | 糊化(7 　　　　) でんぷん |

(2) うるち米の炊飯の順を記入しよう。

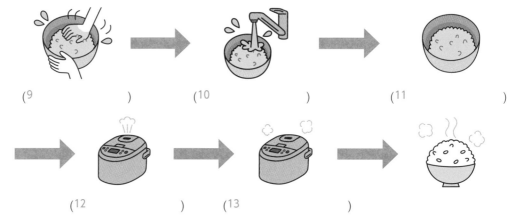

(9 　　　　　　)　　　(10 　　　　　　)　　　(11 　　　　　　)

(12 　　　　　　)　　　(13 　　　　　　)

(3) うるち米ともち米の調理上の性質について，表を完成させよう。

	うるち米	もち米
浸漬による吸水率	(14 　　　　)％	(15 　　　　)％
加水	体積の(16 　　　)倍 重量の(17 　　　)倍	しっかり吸水させていれば必要なし。
加熱方法	炊く	18
注意点	(19 　　　)や (20 　　　)がおいしさに影響する。	好ましいかたさに仕上げるには，蒸している途中で何回か(21 　　　)をする。

(4) 無洗米とは何か，まとめてみよう。

22

知 **3** 小麦粉の性質と調理について，以下の問いに答えよう。

(1) 次の文章の空欄に適する語句を記入しよう。

小麦粉の調理は，(23　　　　　　　　　　)と(24　　　　　　　　　　　　　)のどちらの特性を利用するかによって，粉の選択，調理操作が異なる。

小麦粉に含まれるたんぱく質の(25　　　　　　　　　　　)と(26　　　　　　　　　)は水を加えてこねると，網目状の組織（(27　　　　　　　　　　)）をつくる。

・粘弾性と伸展性をもった固まり…(28　　　　　　　)

・水を65%以上加えた，手でこねられないかたさの生地…(29　　　　　　　　)

(2) 小麦粉について，以下の表を完成させよう。

利用する成分と特性		小麦粉の種類	調理の要点・特徴	調理例
たんぱく質（グルテン形成）	粘弾性伸展性	30	水を加えてこねると，グルテンが形成され，粘弾性のあるドウができる。	31
	利用しない	32	混ぜすぎないようにし，冷水を使用。グルテンをなるべく形成させないようにする。	33
でんぷん	糊化・粘性	34	でんぷんの糊化による粘性を利用して，スープやソースなどにとろみをつける。	35
	吸着性	36	水分を吸着して，膜をつくる。	37

知 **4** 穀類の加工品について，あてはまるものを線で結ぼう。

米の加工品

包装米飯　①・　・**ア**　うるち米やもち米を原料とした粉

米粉　②・　・**イ**　白米飯，赤飯などを気密性のある容器で包装し，加圧・加熱殺菌したレトルトパウチ食品

α 化米（乾燥米）　③・　・**ウ**　うるち米を半糊化させ，よく練り，細孔から押し出し，さらに完全に糊化させて冷却・乾燥させたもの

ビーフン　④・　・**エ**　米飯を80℃以上で急速乾燥させたもの

小麦粉の加工品

パン　⑤・　・**オ**　小麦粉に塩をとかした湯を加えてこね，薄く伸ばして用いるもの

めん　⑥・　・**カ**　デュラム小麦粉または強力粉をこねてつくったイタリア料理に使用されるもの

ぎょうざの皮　⑦・　・**キ**　中力粉または強力粉を主原料とした生地を細長い線状にしたもの

パスタ　⑧・　・**ク**　強力粉の生地を発酵させ，成形してオーブンで焼いたもの

② いも類

教p.58〜59

知 **1** いも類の特徴について，空欄に適する語句を記入しよう。

野菜の根菜類と比べて多量の(1　　　　　　　　　)やその他の(2　　　　　　　　　)
を含んでいるので，野菜類とは区別されている。

・じゃがいも，さつまいも…(3　　　　　　　　　)を多く含む

・こんにゃくいも…………(4　　　　　　　　　)を多く含む

・きくいも………………(5　　　　　　　　)を多く含む

知 **2** いも類の性質と適する調理例をすべて線で結ぼう。

加熱による煮崩れ　①・　　　　　　・ア　きんとん

加熱による甘味の増加　②・　　　　　・イ　とろろ汁

　　　　　　　　　　　　　　　　　・ウ　マッシュポテト

裏ごしによる粘り　③・　　　　　　・エ　ポテトチップス

粘質物　④・　　　　　　　　　　・オ　ふかしいも

　　　　　　　　　　　　　　　　　・カ　粉ふきいも

酸化による褐変　⑤・　　　　　　・キ　焼きいも

刺激性　⑥・　　　　　　　　　　・ク　さといもの煮物

知 **3** いも類などの地下でんぷんの用途の表を完成させよう。

種類	用途
じゃがいも	かたくりのでんぷんの代わりに(6　　　　　　　　)として利用される。緑豆のでんぷんの代わりに(7　　　　　　)に加工される。
さつまいも	わらびの根からとれるでんぷん（わらび粉）の代わりに(8　　　　　　　　)として利用される。緑豆のでんぷんの代わりに(7)に加工される。
くず	(9　　　　　　　)，(10　　　　　　　)，(11　　　　　　)などに用いられる。
キャッサバ	キャッサバの根からつくられるでんぷんは(12　　　　　　　)と呼ばれ，球状に加工した(13　　　　　　　)はデザートなどに利用される。

思 **4** **3** 以外にも，いも類の加工品を探してみよう。

3 以外に，いも類には何があるだろうか。

14

③ 砂糖

教p.60

知 **1** 砂糖の性質と調理の表を完成させよう。

性質	調理の要点・特徴	調理例
溶解性と結晶化	砂糖は水に非常に(1　　　　　　　　　　)性質を持つ。加熱して多量の砂糖をとかした溶液（ようえき）を冷却すると結晶化する。	2
脱水による防腐作用（ぼうふ）	砂糖濃度（のうど）を高くすると，食品に含まれる水が砂糖と結びつき，細菌（きん）などが利用できる(3　　　　　　)が少なくなるため，食品の保存性が高まる。	4
糊化でんぷん（こか）の老化防止	でんぷんに多くの砂糖を加えると，でんぷんの周囲にある水と結合し，水分を保持することで老化を防止する。	5
卵白の泡の安定性	卵白を泡立て，砂糖を数回に分けて加えることで，砂糖が分離する水を引きつけて，泡が消えるのを防ぐ。	6
たんぱく質の凝固抑制（ぎょうこ）	たんぱく質の(7　　　　　　　　)，凝集を阻害する。これにより，凝固しにくくなり，(8　　　　　　　　　　)仕上がりとなる。	9
酵母の発酵促進（こうぼ）	砂糖（しょ糖）は酵母によって，ぶどう糖と果糖に分解され，その後(10　　　　　　　)と(11　　　　　　　　　　)を生成して，(12　　　　　　)の多孔性な組織をつくるのに役立つ。	13

④ 豆類

教p.61

知 **1** 豆類の特徴について，空欄に適する語句を記入しよう。

豆類はたんぱく質を(1　　　　　　　　　)％含み，古くから日本人のたんぱく質源であった。大豆はたんぱく質と(2　　　　　　　　　)を多く含み，あずきやいんげん豆は，たんぱく質と(3　　　　　　　　)を多く含む。

知 **2** 大豆の加工品を記入しよう。

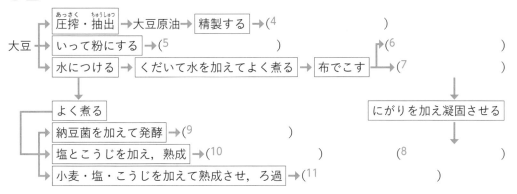

⑤ 種実類

教p.62

知 **1** 種実類の特徴について，空欄に適する語句を記入しよう。

（1　　　　　　）と（2　　　　　　）を除いた植物の種子の部分を食用とするもの。くり，ぎんなんは（3　　　　　　）が主成分。ココナッツ，マカダミアナッツは（4　　　　　）が主成分で，たんぱく質は10％（5　　　　　）。くるみ，アーモンドは（4）が主成分で，たんぱく質を10％（6　　　　　）含む。

⑥ 野菜類

教p.62〜63

知 **1** 野菜類の特徴について，空欄に適する語句を記入しよう。

野菜類の構成成分の約90％は（1　　　　　　）。その他に，ビタミンやミネラル，（2　　　　　）を多く含む。

可食部100gあたりのカロテン含量が600μg以上のものを（3　　　　　）野菜，600μg未満のものを（4　　　　　）野菜としている。

知 **2** 野菜の種類と分類について，あてはまるものを線で結ぼう。

キャベツ，ほうれん草　①・　　　・ア　根菜類
アスパラガス，たまねぎ　②・　　　・イ　花菜類
だいこん，にんじん　③・　　　・ウ　果菜類
トマト，きゅうり　④・　　　・エ　葉菜類
ブロッコリー　⑤・　　　・オ　茎菜類

知 **3** 以下の野菜のうち，緑黄色野菜に○をつけよう。

たまねぎ　なす　にんじん　トマト　白菜　ピーマン　きゅうり

知 **4** 野菜類の性質と調理について表を完成させよう。

性質	特徴	調理
味の変化	えぐ味，渋味，苦味など "（5　　　　　）" が含まれる。	水につける，（6　　　　　）などの下処理をする。
栄養成分の変化	（7　　　　　）のビタミンやミネラルが水に溶出したり，ビタミンCが酸化する。	水への浸漬や（8　　　　　）は必要以上しない。
香りの変化	切ったり加熱したりすると，香気成分が出てくる。	他の食品の（9　　　　　）を消したり，香りを与える。
テクスチャーの変化	切って食塩をふると水分が外に出て，しんなりする。水が入ってくると張りを持つ。	（10　　　　　）をふる。水に浸漬する。

⑦ くだもの類

教p.64

知 **1** くだもの類の特徴について，空欄に適する語句を記入しよう。

くだもの類の構成成分の約(1　　　　　　　)％は水分である。その他に糖質，カリウム，ビタミンCおよび(2　　　　　　　)などの食物繊維を多く含む。鮮やかな
(3　　　　　　　)，爽快な(4　　　　　　　)と甘味，芳香がある。

知 **2** 調理上の性質について，空欄に適する語句を記入しよう。

・ペクチンを含むくだもの類は，酸と糖を加えて加熱すると(5　　　　　　　)する。
　　　(6　　　　　　　)が固まって半固形状になること。 ↩

　この性質を利用して(7　　　　　　　)などがつくられる。

・りんごやバナナを切ったり，すりおろしたりすると(8　　　　　　　)する。これは細胞
　内の(9　　　　　　　)類が，調理操作によって空気中の(10　　　　　　　)
　と接触して(8)物質を生成するためである。防ぐためには(11　　　　　　　)につ
　けたり，(12　　　　　　　)を加えたりするとよい。

・パイナップルやキウイフルーツなどには，たんぱく質分解酵素((13　　　　　　　))
　が含まれている。

知 **3** たんぱく質分解酵素のはたらきをまとめてみよう。

```
14


```

知 **4** くだもの類の加工品について，以下の問いに答えよう。

(1) 濃縮還元ジュースのメリットとデメリットをまとめよう。

```
メリット
15



```

```
デメリット
16



```

ORANGE

(2) くだもの類の加工品をあげ，生のくだもの類と比べて利点をあげてみよう。

加工品 (17　　　　　　　)

```
利点　18


```

⑧ きのこ類

教 p.65

知 1 きのこ類の特徴について，空欄に適する語句を記入しよう。

きのこ類の構成成分の約90％は(1　　　　　　　)である。(2　　　　　　　　　　)のエルゴステロールを多く含み，ビタミンDの供給源となる。ビタミンB$_2$や食物繊維，うま味成分 ((3　　　　　　　　　)) も多く含まれる。

知 2 調理上の性質と加工品について，あてはまるものを選択肢から選び，記号で答えよう。

・まつたけ，トリュフは，(4　　　　　　　)が特徴的である。

・しいたけ，しめじ，マッシュルームは(5　　　　　　　)が特徴的である。

・きくらげ，なめこ，まいたけ，エリンギは(6　　　　　　)が特徴的である。

・しいたけ，きくらげは(7　　　　　　　)に加工される。

・なめたけは(8　　　　　)して瓶詰に加工される。

・マッシュルームは(9　　　　　)の缶詰に加工される。

ア. 食感	**イ**. 香り	**ウ**. 味	**エ**. 調味	**オ**. 乾物	**カ**. 水煮

⑨ 海藻類

教.p65

知 1 海藻類の特徴について，空欄に適する語句を記入しよう。

海藻類はビタミン・ミネラル・食物繊維を多く含み，特に(1　　　　　　　)が多い。こんぶはうま味成分 ((2　　　　　　　　　　)) を多く含むことから，

(3　　　　　　　　)として用いられる。

思 2 海藻類の加工品をあげてみよう。また，どのように食べるのか調べてみよう。

加工品(4　　　　　　　　)

食べ方　5

知 3 次の食材とうま味成分を線で結ぼう。

こんぶ　①・　　　・ア　コハク酸

貝類　②・　　　・イ　グアニル酸

かつおぶし　③・　　　・ウ　グルタミン酸

干ししいたけ　④・　　　・エ　イノシン酸

⑩ 魚介類

教p.66～67

知 1 魚介類の特徴について，空欄に適する語句を記入しよう。

魚介類の特徴は，種類が多い，おいしくなる(¹　　　　　　　)という時期がある，腐敗しやすい，血あい肉の多い(²　　　　　　　)と血あい肉の少ない(³　　　　　　　)に分けられる，などがある。主成分は(⁴　　　　　　　)で(⁵　　　　　　　)が多い。リシンの少ない米と組み合わせると(⁶　　　　　　　)が期待できる。脂質はn-3系の(⁷　　　　　　　)を多く含む。血あい肉にはビタミン類や(⁸　　　　　　　)も多く，小魚は(⁹　　　　　　　)の供給源になる。貝類はグリコーゲンや(¹⁰　　　　　　　)成分を多量に含んでいる。えび・かに類の殻は(¹¹　　　　　　　)(動物性食物繊維) に富む。

知 2 白身魚と赤身魚について，特徴に合う方を○で囲もう。

	白身魚		赤身魚	
筋形質たんぱく質	高	・ 低	高	・ 低
筋原繊維たんぱく質	高	・ 低	高	・ 低
生肉	弾力あり	・ やわらかい	弾力あり	・ やわらかい
加熱肉	しまる	・ ほぐれる	しまる	・ ほぐれる
魚種	かつお	・ たら	かつお	・ たら
調理例	でんぶ	・ なまりぶし	でんぶ	・ なまりぶし

知 3 魚介類の性質に合う調理例を線で結ぼう。

加熱による硬化　　①・　　　　　・ア　汁物
食塩による凝固　　②・　　　　　・イ　さしみ
加熱による汁への流出　③・　　　　　・ウ　しめあじ
酢による凝固　　④・　　　　　・エ　なまりぶし
加熱による収縮と脱水　⑤・　　　　　・オ　煮こごり
加熱によるゼラチン化　⑥・　　　　　・カ　かまぼこ
成分の溶出　　⑦・　　　　　・キ　切り身の焼き魚

知 4 魚介類の加工品について，加工品の例を選択肢からすべて選び，記号で答えよう。

冷凍品 (¹²　　　　　)　　塩蔵品 (¹³　　　　　)
乾燥品 (¹⁴　　　　　)　　つくだ煮(¹⁵　　　　　)
練り製品(¹⁶　　　　　)

ア. かつおぶし　　**イ.** いかの塩辛　　**ウ.** ちくわ　　**エ.** こんぶのつくだ煮
オ. めかじきの切り身　　**カ.** かまぼこ　　**キ.** しゅとう

⑪ 肉類

教p.68〜69

知 1 肉類の特徴について，空欄に適する語句を記入しよう。

　　主成分はたんぱく質で，(1　　　　　　　　　　　　)がバランスよく含（ふく）まれる。ついで
(2　　　　　　　　　)(飽和脂肪酸（ほうわしぼうさん）の割合が高い)が約10%含まれる。肉の(3　　　　　　　　)・
(4　　　　　　　)・(5　　　　　　　　　)は動物の種類・部位によって異なる。

知 2 肉類の加熱による性質と調理の表を完成させよう。

	性質	調理例
加熱による 凝固（ぎょうこ）・軟化	肉は(6　　　　　　)℃以上に熱すると， (7　　　　　　　　　)が凝固・収縮する。 水と共に長時間煮（に）ると，コラーゲンが (8　　　　　　　)化してやわらかくなる。	9
加熱・酸化による 肉色の変化	生肉の色は，ミオグロビンとヘモグロビンによる。酸化したり加熱したりすると，赤色から灰色に変化する。色の変化は(10　　　　　　　)や(11　　　　　　　　)のめやすとなる。	12
加熱による 保水性の変化	加熱すると保水性が減少して肉がかたくなり， (13　　　　　　)が流出する。	14
加熱による 風味の変化	やわらかい肉は，(15　　　　　　　　)の加熱により揮発成分（におい）による風味を増す。かたい肉は， (16　　　　　　　)の加熱によりうま味が汁（しる）に流出して風味を増す。	17

知 3 次の部位に合う料理を記入しよう。

から揚（あ）げ，
フライ，
ソテー

から揚げ，
ソテー，
(　19　)，
煮（に）こみ

ソテー，ロースト，(　20　)

(　18　)，わんだね，
フライ

煮こみ

ソテー，ロースト，煮こみ

ロースト，(　21　)，すき焼き，
フライ

煮こみ，(　22　)

(18　　　　　　　　)
(19　　　　　　　　)
(20　　　　　　　　)
(21　　　　　　　　)
(22　　　　　　　　)

⑫ 卵類

教p.70〜71

知 1 卵類の特徴について，空欄に適する語句を記入しよう。

卵類は消化がよく，良質な(1　　　　　　　　　　　)と脂質を含み，各種ビタミン・(2　　　　　　　　　)に富み，栄養的に優れた食品の一つである。卵白は(1)を主成分とする。卵黄は(1)・(3　　　　　　　　　)(レシチン) など多くの成分を含む。卵は，最も鮮度の落ちやすい卵黄を取り囲むように何層もの構造になっているため，保存性が(4　　　　　　　　)。

○卵の構造

外水様卵白　　胚　　卵殻

(5)　　　　(6)

(6)　　　　外卵殻膜

　　　　　　(7)

内水様卵白　　内卵殻膜

卵黄膜　　　　(8)

(5　　　　　　　　　　　)
(6　　　　　　　　　　　)
(7　　　　　　　　　　　)
(8　　　　　　　　　　　)

知 2 卵類の調理上の性質について，空欄に適する語句を記入しよう。

熱凝固性	卵白は60℃くらいから白濁しはじめ，(9　　　　　　)℃で完全に凝固する。卵黄は65℃くらいから粘りはじめ，(10　　　　　　)℃で凝固し終わる。
乳化性	卵黄の脂質に含まれる(11　　　　　　　　　)は分子のなかに(12　　　　　　　　)と(13　　　　　　　　　)を持つため乳化性がある。
起ほう性	卵白は，かくはんすると空気を抱きこんで気ほうができる。(14　　　　　　　　　)の変性によって膜が形成されるため，主に(15　　　　　　　　)による。
希釈性	調理に合った濃度にすることができる。加熱・凝固させると，形・かたさ・(16　　　　　　　　)の異なる調理ができる。
粘着性	他の食品の表面に粘着する性質があり，(17　　　　　　　　　)の役目を果たす。

知 3 卵類の調理上の性質と関連のある加工品・調理例を線で結ぼう。

熱凝固性　①・　　　　・ア　茶わん蒸し

乳化性　　②・　　　　・イ　温泉卵

起ほう性　③・　　　　・ウ　ハンバーグステーキ

希釈性　　④・　　　　・エ　マヨネーズソース

粘着性　　⑤・　　　　・オ　メレンゲ

⑬ 牛乳・乳製品

教p.72〜73

知 **1** 牛乳・乳製品の特徴について，空欄に適する語句を記入しよう。

牛乳は，たんぱく質・脂質・乳糖・(1　　　　　　　　　　　)・リン・ビタミンA・B$_2$を豊富に含む。牛乳成分は(2　　　　　　　)することができる。

知 **2** 牛乳成分の分離の図を完成させよう。

牛乳 ─ 遠心分離 ┬ [3　　　]
　　　　　　　　└ 脱脂乳 ── 酸を加える ── ┬ 白い沈でん物
　　　　　　　　　　　　　　　　　　　　　　└ [4　　　]

知 **3** 牛乳・乳製品の性質を利用した調理例を選択肢からすべて選び，記号で答えよう。

濃度と香りを与える　　　　　　(5　　　　　　　)
たんぱく質の熱凝固を強める(6　　　　　　　)
酸によって凝固する　　　　　(7　　　　　　　)
こげ色をつける　　　　　　　(8　　　　　　　)
乳白色になる　　　　　　　　(9　　　　　　　)
くさみを吸着する　　　　　　(10　　　　　　)

> **ア.** ブラマンジェ　　**イ.** カッテージチーズ　　**ウ.** クリームスープ　　**エ.** レバーソテー
> **オ.** ホットケーキ　　**カ.** カスタードプディング　　**キ.** クリームソース
> **ク.** トマトスープ　　**ケ.** ホワイトソース　　**コ.** 魚のムニエル　　**サ.** 奶豆腐

知 **4** 牛乳・乳製品の加工品についてまとめよう。

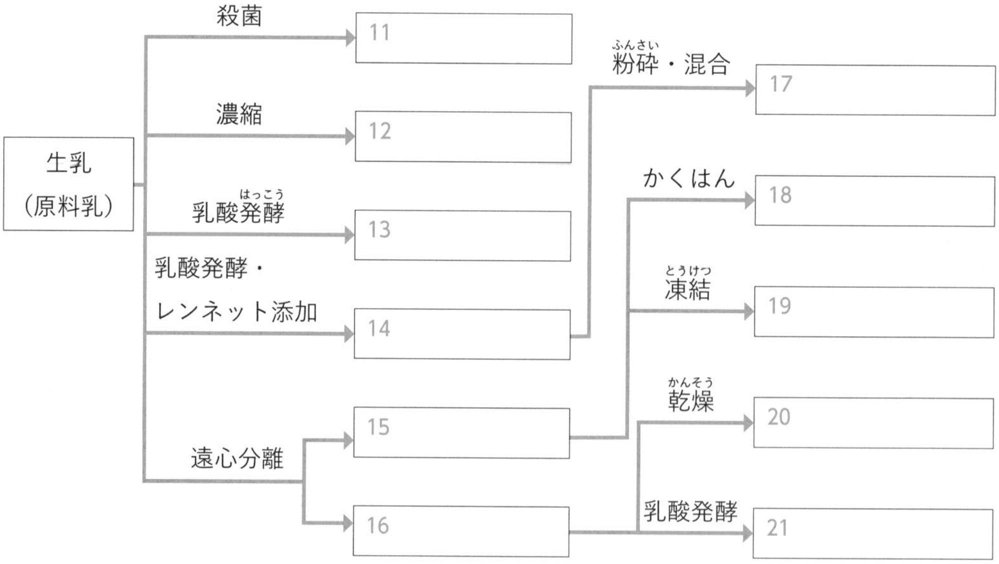

生乳（原料乳）
- 殺菌 → [11]
- 濃縮 → [12]
- 乳酸発酵 → [13]
- 乳酸発酵・レンネット添加 → [14]
- 遠心分離 → [15], [16]

[15] → 粉砕・混合 → [17]
→ かくはん → [18]
→ 凍結 → [19]
→ 乾燥 → [20]
→ 乳酸発酵 → [21]

⑭ 油脂類 教p.74

知 1 油脂類の特徴について，空欄に適する語句を記入しよう。

油脂類は原料別に植物油脂と動物油脂に分類される。植物油脂には(1 　　　　　　　)
(サラダ油，てんぷら油)・ごま油・オリーブ油・大豆油・(2 　　　　　　　)・米油な
どがあり，多くは(3 　　　　　　)状である。

動物油脂の豚脂(ラード)，牛脂(ヘット)，乳脂(バター)は常温で(4 　　　　　　)
状であるが，魚油は(5 　　　　　　)状である。油脂の性質は，構成する(6 　　　　　　)
の種類や含有量によって異なり，(7 　　　　　　　　　)の多いものは常温で液状(油)，
(8 　　　　　　　　)の多いものは固体状(脂)である。

加工品には，硬化油がある。硬化油とは不飽和脂肪酸を多く含む油脂に(9 　　　　　　)
を添加し，飽和脂肪酸に変化させて固体状にしたもの。(10 　　　　　　)やショー
トニングの原料に用いられる。

知 2 油脂類の性質を利用した調理例を線で結ぼう。

ショートニング性　①・　　　・**ア**　バタークリーム

高温加熱　②・　　　・**イ**　マヨネーズ

かくはんによる
クリーミング性　③・　　　・**ウ**　フレンチドレッシング

乳化性　④・　　　・**エ**　クッキー

食品が付着しない　⑤・　　　・**オ**　鉄板焼き

食品に風味を付与する　⑥・　　　・**カ**　揚げ物

水と混ざらない　⑦・　　　・**キ**　ロースハム

知 3 エマルションの種類について，油・水・親水基・疎水基の位置を，以下の図にそれぞれ
書き入れ，特徴を説明した文章の空欄に適する語句を記入しよう。

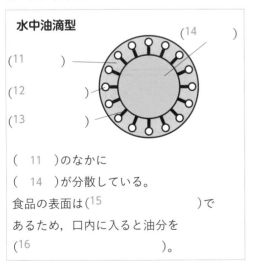

水中油滴型

(14 　　　　)

(11 　　　)

(12 　　　)

(13 　　　)

(11)のなかに
(14)が分散している。
食品の表面は(15 　　　　　　)で
あるため，口内に入ると油分を
(16 　　　　　　　)。

油中水滴型

(14 　　)

(17 　　　)

(18 　　　)

(11 　　)

(14)のなかに
(11)が分散している。
食品の表面は(19 　　　　　　)で
あるため，口内に入ると油分を
(20 　　　　　　　)。

⑮ かんてん・ゼラチン

教p.75

知 **1** かんてん・ゼラチンの特徴について，空欄に適する語句を記入しよう。

　かんてんは，てんぐさやおごのりなどの(1　　　　　　　　　)から抽出したもので，主成分
は炭水化物 ((2　　　　　　　　)) である。ゼラチンは動物の(3　　　　　　　　)など
を長時間加熱して抽出したもので，主成分は(4　　　　　　　　)である。

知 **2** かんてん・ゼラチンの性質と調理の表を完成させよう。

	かんてん・かんてんゼリー	ゼラチン・ゼラチンゼリー
食感	粘りがなく，もろい。 ほろりと崩れるような食感	やわらかく□のなかでとけ，なめら かな食感
溶解温度	5	6
凝固温度	7	8

⑯ し好食品

教p.76

知 **1** し好食品について，空欄に適する語句を記入しよう。

　し好食品は，(1　　　　　　　　　)の摂取を目的とせず，特有の色や(2　　　　　　　)，
爽快感や刺激を味わうための食品である。飲料ではアルコール飲料と非アルコール飲料に分類
される。アルコール分を(3　　　　　　　)％以上含む飲料を酒類と呼ぶ。米を原料とした清酒，
ぶどうを原料としたワイン，大麦麦芽を原料としたビールなどを(4　　　　　　　)とい
い，焼酎，ウイスキー，ブランデーなどを(5　　　　　　　)という。

知 **2** し好食品についてまとめてみよう。

生葉中に含まれる酵素を利用し，(6　　　　　　　)の程度により緑茶・
ウーロン茶・紅茶に分けられる。うま味は(7　　　　　　　)
とテアニン，苦みはカフェイン，苦渋味は(8　　　　　　　)によ
るものである。

茶

コーヒー樹の(9　　　　　　　)を焙煎・粉砕したもの。
コーヒーの苦みはカフェインによるものである。

コーヒー

カカオ豆を焙焼したもの ((10　　　　　　　)) からカカオバター
をしぼり出し粉末にしたものがココアである。カカオ豆を焙焼・粉砕して，
(11　　　　　　　)を加えたものがチョコレートである。

ココア・
チョコレート

「(12　　　　　　　)飲料，乳および乳製品を除くアルコール分
(13　　　　　　　)％未満の飲料」と食品衛生法で定義されている。

清涼飲料水

⑰ 調味料・香辛料　　　　　　　　　　教p.77

知・1 調味料・香辛料について，空欄に適する語句を記入しよう。

調味料は，料理や食品に(1　　　　　　　　)や香りをつけ，味わいを豊かにするために加えるものである。

香辛料は，植物の種子・実・根茎・樹皮などを，生あるいは(2　　　　　　　　)させたものである。料理や食品に辛味や特有の(3　　　　　　　　)，色を与える。何種類かの香辛料を混ぜ合わせた(4　　　　　　　　)もある。

知・2 調味料の特徴の表を完成させよう。

調味料	調理上の性質
食塩	塩味を与え，食品の脱水，(5　　　　　　　　)，褐変防止，たんぱく質の(6　　　　　　　　)など多くのはたらきがある。
みそ	(7　　　　　　　　)が主原料。こうじの種類によって，米みそ・麦みそ・豆みそがある。みその(8　　　　　　　　)は温度が高いと揮発するので，加熱しすぎないようにする。
9	穀物，米，果実などを原料とし，さまざまな種類がある。(　5　)，褐変防止，たんぱく質の(　6　)，魚臭の抑制といったはたらきがある。
しょうゆ	濃い口しょうゆの塩分量は(10　　　　　　　)% 薄口しょうゆの塩分量は(11　　　　　　　)%
みりん	甘みやうま味をつけたり，(12　　　　　　　)や(13　　　　　　　)を出したりする。アルコール分は約(14　　　　　　　)%あるので，煮立ててから使う。
酒	料理用につくられた，塩分を(15　　　　　　　)%以上加えた料理酒もある。肉や魚の臭みを抑制し，(16　　　　　　　)をつける。(　12　)や(　13　)を出したり，(17　　　　　　　)をよくしたりする。

知・3 次の目的で使われる香辛料を選択肢からすべて選び，記号で答えよう。

辛味をつける(18　　　　　　　)　　　香りをつける(19　　　　　　　)

色をつける　(20　　　　　　　)

ア. サフラン　　**イ.** シナモン　　**ウ.** バジル　　**エ.** さんしょう　　**オ.** ターメリック

思・4 あなたが知っている調合香辛料をあげ，何が含まれているか調べてみよう。

調合香辛料(21　　　　　　　　)

何が含まれているか？ 22

⑱ 加工食品と加工方法

教p.78

知 1 加工食品と加工方法について，空欄に適する語句を記入しよう。

　加工食品は，食品に何らかの(^{1} 　　　　　　　　　)を施したものである。加工することにより(^{2} 　　　　　　　　　)が高まり，食品の有効利用と，食品の(^{3} 　　　　　　　　　)を安定させることができる。

　かびや酵母，細菌といった微生物を用いて加工された食品を(^{4} 　　　　　　　　　)という。

知 2 次の説明文の下線部が正しければ○を，誤りなら正しい答えを記入しよう。

・調理ずみ食品とは，即席食品ともいわれる。水や湯を加えればすぐに食べられる食品と，ある程度調理加工されており短時間の調理のみで食べられる食品があり，長期保存が可能。

(^{5} 　　　　　　　　　)

・冷凍食品は，−18℃以下の温度で保つことにより，微生物の繁殖を防止して長期保存を可能とした加工食品。　　　　　　　　　　　　　　　　　　(^{6} 　　　　　　　　　)

・半調理ずみの食品とは，揚げる，焼くなどの最終の調理操作の終わりまで加工されたものをいう。　　　　　　　　　　　　　　　　　　　　　　　(^{7} 　　　　　　　　　)

・びん詰め食品とは，プラスチックフィルムと金属はくなどを貼り合わせた小袋（パウチ）に，調理した食品を詰めて密封し，加圧加熱殺菌窯（レトルト）で高温加熱殺菌したもの。

(^{8} 　　　　　　　　　)

知 3 次の加工法に合う加工品を語群から選び，分類してみよう。

9

10　　　　　　　　　　　　　　物理的作用　　　　　　　　　11

化学的作用　　生物学的作用

豆腐　　しょうゆ　　小麦粉　　精白米　　こんにゃく　　ヨーグルト

思 4 あなたの昨日の夕飯に使われた加工食品を書き出してみよう。

⑲ 特別用途食品と保健機能食品 [教p.79]

知 **1** 特別用途食品と保健機能食品について，空欄に適する語句を記入しよう。

特別用途食品は，(1 　　　　　　　　)，妊産婦，乳児，えん下困難者などの健康の保持または回復と発育などに適する(2 　　　　　　　)の用途に用いられる食品である。

保健機能食品は，(3 　　　　　　　　)，(4 　　　　　　　　　　)，

(5 　　　　　　　　　　)に分類される。

・(3)…からだの生理機能などに影響を与える(6 　　　　　　　　　)を含む食品である。国の審査を受けて有効性や安全性について(7 　　　　　　　)が認められると，消費者庁許可の(8 　　　　　　　　　　)と

(9 　　　　　　　　　)を表示できる。

・(4)…特定の栄養成分の(10 　　　　　　　)のために利用される食品で，栄養成分の機能を表示するもの。定められたn-3系脂肪酸，(11 　　　　　　　)6種類，

(12 　　　　　　　)13種類の規格基準に適合していれば，国の許可申請や届け出なしに，栄養成分の機能を表示することができる。

・(5)…事業者の責任において科学的根拠にもとづいた(13 　　　　　　　)を表示した食品である。消費者庁長官に届け出されるが，個別の許可を受けていない。

知 **2** 次の表を完成させよう。

区分		審査・届け出など	表示・マークなど
特別用途食品	病者用食品	消費者庁の審査が (14 　　　　)	特別の用途表示
	妊産婦，授乳婦用粉乳		
	乳児用調整粉乳		
	えん下困難者用食品		
保健機能食品	特定保健用食品	消費者庁の審査が (15 　　　　)	保健用途の表示
	栄養機能食品	消費者庁の審査が (16 　　　　)	栄養成分の機能表示 （マークなし）
	機能性表示食品	消費者庁への (17 　　　　)	機能性表示 （マークなし）

思 **3** 特別用途食品や特定保健用食品のマークがついている食品を探して書き出してみよう。

特別用途食品	特定保健用食品

第3章　食品の特徴・表示・安全

2 食品の生産と流通

教p.80〜81

① 第一次産業の現状

教p.80

知 1 第一次産業について，空欄に適する語句を記入しよう。

　農林水産業を中心とする第一次産業従事者は20世紀初頭，約(^{1}　　　　　　　)％を占めていた。戦後の1950年代以降急激に減少し，現在は(^{2}　　　　　　)％程度である。一方，サービス産業は増加し，現在では就業者の(^{3}　　　　　　)％以上に達している。第一次産業は食を支えるだけでなく，国土の保全，(^{4}　　　　　　　)の確保，自然環境の保全，良好な(^{5}　　　　　　)の形成，文化の伝承など多方面の役割を果たしている重要な産業である。

② 食品の生産

教p.80

知 1 食品の生産について，空欄に適する語句を記入しよう。

　日本の農業は稲作による米生産が中心であった。近年は肉や乳製品などの
(^{1}　　　　　　　)や(^{2}　　　　　　)の産出額割合が高くなっている。

　漁業生産量は，水産資源の減少，国際的な漁業規制の強化により減少している。しかし，マグロやウナギの(^{3}　　　　　　)に成功するなど，世界の水産資源を保全する研究が進行している。また，(^{4}　　　　　　)農業や(4)漁業などICT技術やドローン・ロボット技術などの導入・普及により，超省力・高品質生産を実現しようとしている。

　農業分野におけるICT活用として，農薬や肥料の(^{5}　　　　　　)，生育状況の
(^{6}　　　　　　)，(^{7}　　　　　　)対策などへの農業用
(^{8}　　　　　　)の利用が期待されている。

知 2 産業分類について，空欄に適する語句を記入しよう。

第一次産業…(^{9}　　　　　　)，(^{10}　　　　　　)など
第二次産業…(^{11}　　　　　　)，(^{12}　　　　　　)など
第三次産業…(^{13}　　　　　　)，(^{14}　　　　　　)，(^{15}　　　　　　)，
　　　　　　(^{16}　　　　　　)など

思 3 あなたがよく食べる農産物や畜産物の産地を調べてみよう。

農産物	産地	畜産物	産地

農産物には米や野菜，畜産物には肉や乳製品が含まれるよ。

MEMO

③ 食品の流通

教p.81

知 **1** 食品の流通について，空欄に適する語句を記入しよう。

食料は，(^{1}) → (^{2}) という過程を経て，私たちの手に入り消費される。米は2004年4月から(^{3}) が施行され，基本的に自由化され，さまざまな方法で購入が可能になった。

知 **2** 次の用語についてまとめてみよう。

・トレーサビリティ…(^{4}) 段階，(^{5}) 段階，流通段階，小売段階，消費段階での記録を残しておく。食品の事故などの問題が生じた際に，原因究明や(^{6}) を円滑に行うことができる。

・POSシステム…商品についているQRコードやバーコードをレジの端末で読み取り，商品の売れ行き情報を把握し，(^{7}) に役立てている。

知 **3** 食品の流通について，以下の図を完成させよう。

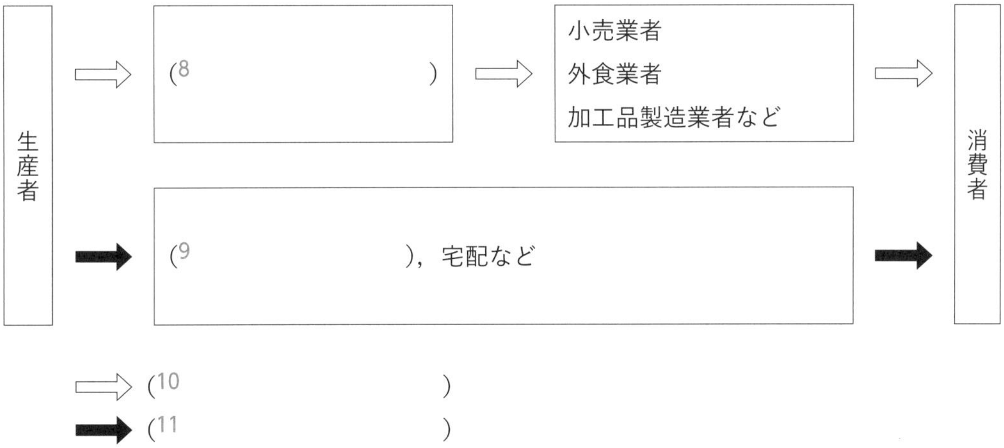

| 生産者 | ⇨ | (^{8}) | ⇨ | 小売業者 外食業者 加工品製造業者など | ⇨ | 消費者 |
| | ➡ | (^{9})，宅配など | | | ➡ | |

⇨ (^{10})
➡ (^{11})

・卸売市場…多数の生産者と小売業者が存在し，卸売業者が効率的に品物を流通させるシステム。集荷，分荷，(^{12}) による価格形成が基本。

思 **4** スーパーなどと比べて，直売所で販売する際，工夫されている点はあるか調べてみよう。

> 価格や品ぞろえは？
> 表示に違いは？

MEMO

3 食品の選択と表示

教p.82〜85

年 組 番 名前 検印

① 多様化の背景と現状

教p.82

知 1 食品の多様化の背景を7つあげてみよう。

①(¹　　　　　　　　　　)の進歩　　②(²　　　　　　　　　　　　)の変化

③(³　　　　　　　　　)に要する時間の短縮　　④女性の(⁴　　　　　　　　　　　)

⑤(⁵　　　　　　　　　)の増加　　⑥(⁶　　　　　　　　　　　　)の進展

⑦生活スタイルの(⁷　　　　　　　　　　　)による食品の消費形態の変化

知 2 食品の多様化により，私たちの食生活はどのように変化したか。くま手チャートを用いて以下の観点でまとめてみよう。

食生活の変化	家庭での食事	8
	購入先	9
	加工食品	10

② 食品の選択

教p.83

知 1 生鮮食品の選択のポイントについて，空欄にあてはまる語句を記入しよう。

食品	選択のポイント
魚の切り身	トレーに汁 ((¹　　　　　　　　　)) や血がたまっていないもの。つやと弾力があるもの。(²　　　　　　　)が色鮮やかなもの。
牛肉	(³　　　　　　　　)でつやがあり，きめが細かいもの。脂肪はきめが細かく白いもの。
豚肉	(⁴　　　　　　　　)は白くて肉とさかい目がはっきりしているもの。薄いピンク色でつやがあるもの。
葉菜類	葉の(⁵　　　　　　　)がピンとして，葉が厚く，緑が濃く鮮やかなもの。
果菜類	(⁶　　　　　　　)が枯れていないもの。
結球類	(⁷　　　　　　　)がしっかりして，(⁸　　　　　　　)がみずみずしく，変色していないもの。
きのこ類	(⁹　　　　　　　)が開きすぎていないもの。(¹⁰　　　　　　　)が白いもの。
くだもの類	(¹¹　　　　　　　)やへたがしおれていないもの。

③ 食品の表示

教p.84〜85

知 **1** 食品の表示について，以下の問いに答えよう。

○2015年4月1日から(¹　　　　　　　　　　)が施行された。

(1) 生鮮食品には何が表示されているか，記入してみよう。

生鮮食品の表示を書き出そう

すべての生鮮食品について一般的な(²　　　　　　)・
(³　　　　　　　　)の表示が義務づけられた。

(2) 加工食品には何が表示されているか，記入してみよう。

加工食品の表示を書き出そう

近年，(⁴　　　　　　　　　)を削減するため，3か月をこえる賞味期限の食品については年月日表示から
(⁵　　　　　　　　　)に変更が認められている。

知 **2** アレルギー物質のうち表示義務のある8品目を書き出してみよう。

6

知 **3** 遺伝子組換え食品について，以下の場合はどのように表示するか。表示例を記入しよう。

表示義務のあるもの　　　　　　　　　　　**表示例**

表示義務のあるもの		表示例
遺伝子組換え農産物が不分別である農産物およびこれを原材料とする場合	→	7
遺伝子組換え農産物およびこれを原材料とする場合	→	8

知 **4** 教科書p.85を参考に，食品に表示してあるマークの意味を調べてみよう。

マーク	名称・意味	マーク	名称・意味

第3章 食品の特徴・表示・安全

4 食品の衛生と安全

教p.86〜91

1 食中毒

教p.86〜89

知 **1** 食中毒について，空欄に適する語句を記入しよう。

・食中毒は病因によって，(^{1}　　　　　　　　　　　　　　)・(^{2}　　　　　　　　　　　　　　)・
(^{3}　　　　　　　　　　　　　　)に分けられる。

・病因物質別の食中毒発生状況（事件数）（2019〜2021年の平均値）
細菌………(^{4}　　　　　　　　　　　　　)が23.3%
ウイルス…(^{5}　　　　　　　　　　　　　)が14.4%
寄生虫……(^{6}　　　　　　　　　　　)が39.7%

知 **2** 微生物性食中毒の表を完成させよう。

分類				病因菌
細菌性	感染型	感染侵入型	細菌が(^{7}　　　　　　　)組織に侵入して発症する。	サルモネラ属菌 カンピロバクター
		感染毒素型	腸管内で細菌が(^{8}　　　　　)する時に産生する毒素により発症する。	腸炎ビブリオ ○157
	毒素型	食品内毒素型	細菌が産生した(^{9}　　　　　　　)の毒素を食べることにより発症する。	黄色ブドウ球菌 ボツリヌス菌
ウイルス性			ウイルスに感染した(^{10}　　　　　　　　)を介して食品が汚染されたことが原因とされる。	ノロウイルス

知 **3** その他の食中毒について，空欄に適する語句を選択肢から選び，記号で答えよう。

(^{11}　　　　　　　)を持っている動物・植物を食べることによって起こる食中毒を自然毒食中毒という。発生頻度は微生物性食中毒よりはるかに(^{12}　　　　　　　)が，致死率は(^{13}　　　　　　)。日本の自然毒食中毒はほとんどが(^{14}　　　　　　　)で発生している。

食品成分でない(^{15}　　　　　　　)を含む食品をとることによって起こる健康障害を，化学性食中毒という。化学性食中毒は，特定の発生時期がなく，原因物質の種類も非常に多い。

人体に(^{16}　　　　　　　)して健康障害を起こすものを寄生虫という。食中毒事件数の約4割を寄生虫の(^{17}　　　　　　)によるものが占めている。(^{18}　　　　　　)や(^{19}　　　　　　)により死滅する。

ア. 有害化学物質	**イ.** アニサキス	**ウ.** 寄生	**エ.** 有毒物質
オ. 加熱処理	**カ.** 家庭	**キ.** 凍結	**ク.** 高い	**ケ.** 低い

② 台所の衛生

教p.90

知 **1** 食中毒を起こす細菌の6つの特徴について，空欄に適する語句を記入しよう。

①温かくて(^{1}　　　　　　　)と(^{2}　　　　　　　　　)がある環境で増殖する。

②(^{3}　　　　　　　)では増え方が遅くなる。

③(^{4}　　　　　　　)してもほとんど死なない。

④(^{5}　　　　　　)に弱い。

⑤増えるときに(^{6}　　　　　　)をつくるものがある。

⑥細菌がつくった(6)は(^{7}　　　　　　　)しても壊れない。

知 **2** 食中毒予防の3原則を記入しよう。

```
    8                9                10
 (清潔)          (迅速)           (加熱)
```

③ 食品添加物

教p.91

知 **1** 4種類の食品添加物について，空欄に適する語句を記入しよう。

①厚生労働大臣が(^{1}　　　　　　)や(^{2}　　　　　　　)を確認して指定した添加物。

②従来，(^{3}　　　　　　　)として使用されており，すでに実績があるもの。

③天然添加物のうち，(^{4}　　　　　)として古くから使用されていたもの。

④果汁やかんてんなどのような食品でも，(^{5}　　　　　　)や(^{6}　　　　　　　　)などの使用目的によっては，添加物とみなすもの。

知 **2** 食品添加物の規制についてまとめよう。

・(^{7}　　　　　　　)…添加物に含まれている成分に対する基準。

・(^{8}　　　　　　　)…添加物を使用できる食品や使用量に対する制限。

・(^{9}　　　　　　　)…添加物の製造方法を定めたもの。

・(^{10}　　　　　　　)…添加物の表示方法を定めたもの。

思 **3** あなたがよく食べる食品に使用されている食品添加物を調べてみよう。

食品名（　　　　　　　　　　）

添加物	使用目的	添加物	使用目的

MEMO

第4章　調理の基本

1　調理とおいしさ

教p.92〜95

1　調理の目的

教p.92

知 **1** 以下の文章の空欄に適する語句を記入しよう。

　私たちは，必要な(1　　　　　　　　　)をからだに取りこむために，さまざまな食品を組み合わせて毎日食べている。購入した食品はそのままではなく，何かしら手を加えてから食べることが多い。食品を洗ったり，切ったり，(2　　　　　　　)したり，調味料で(3　　　　　　　)をつけたり，食器に盛りつけて，最終的に人が口にする食べ物をつくり上げることを(4　　　　　　)という。

知 **2** 調理の目的について，空欄に適する語句を記入しよう。また，それぞれの例を選択肢からすべて選び，(　　　)に記号で答えよう。

・(5　　　　　　　　)な食べ物をつくる………………………………(9　　　　　　　　　)

・(6　　　　　　)を向上させ，(7　　　　　　　)を助ける
　………………………………………………………(10　　　　　　　　　)

・し好や食事の場に合った(8　　　　　　　)食べ物をつくる‥‥(11　　　　　　　)

ア. 卵を厚焼き卵にしたり，オムレツにしたり，茶わん蒸しにしたりというように，同じ食材でも調理方法を変えることで多様なし好に合わせることができる。

イ. 米やいもなどのでんぷんの多い食品は加熱により，やわらかくなり消化吸収しやすくなる。

ウ. じゃがいもの土を洗い流し，芽と緑の部分を取り除く。

エ. 緑黄色野菜を油で炒めるなどすると，β-カロテンが体内で吸収されやすくなる。

オ. 行事やお祝い事など，その場に合った料理でもてなすことにより，満足感を与える。

カ. 魚介類の内臓を取り除き，そこに食塩や酢を加えて細菌の繁殖を防ぐ。

思 **3** TRY 保存食について調べ，次の表にまとめてみよう。教科書巻頭p.1〜2も参考にしよう。

保存食	地域	特徴
12	13	14

② 食べ物のおいしさ   教p.93〜95

知 **1** 食べ物のおいしさについて，空欄に適する語句を記入しよう。

おいしさ

（ 1 ）で感じる食べ物の特性
・（ 2 ）……甘味，酸味，塩味，苦味，うま味　など
・（ 3 ）……香り（アロマ）
・（ 4 ）……食べ物や器などの色，形，大きさ，盛りつけ
・（ 5 ）　・（ 6 ）

食べる人の状態，特性
・心身の状態……感情，緊張，（ 7 ），空腹感
・食文化・（ 8 ）…国・地域・民族・宗教
・環境……………季節，時間，場所，共食する人，（ 9 ）

(1　　　　　　) (2　　　　　　) (3　　　　　　)
(4　　　　　　) (5　　　　　　) (6　　　　　　)
(7　　　　　　) (8　　　　　　) (9　　　　　　)

知 **2** 食べ物の特性について，空欄に適する語句を記入しよう。

味覚は，食べ物に含まれる(10　　　　　　　　)が，舌などに存在する(11　　　　　　　)で受容されると，味神経を伝わり，(12　　　　　　　　)で味の質や強さが認知される。食べ物には，複数の（ 10 ）が含まれる。異なる（ 10 ）が一緒に存在する場合，一方の味が他方の味を強めたり，弱めたりすることがある。この現象を(13　　　　　　　　　　)といい，調理に応用されている。(14　　　　　　)の摂取量が不足すると，味覚がにぶったり，味を感じなくなったりなどの(15　　　　　　　)が起きるといわれている。（ 14 ）の摂取により治ゆする場合が多い。

知 **3** 次の味の相互作用について，適切な例と相互作用を線で結ぼう。

・レモンスカッシュの酸味は，砂糖の甘味により弱まる　　　　①・　　　　・ア　対比効果
・塩辛いものを味わった後の水（無味）は甘く感じる　　　　　②・　　　　・イ　変調効果
・しるこやあんこに少量の食塩を加えると甘味が強くなる　　　③・　　　　・ウ　抑制効果
・こんぶのうま味は，かつおぶしのうま味や，
　しいたけのうま味により著しく強まる　　　　　　　　　　④・　　　　・エ　相乗効果

思 **4** TRY 次の慣用語で表されるテクスチャーに相当する食べ物を考えてみよう。

慣用語	テクスチャーの特性	食べ物
やわらかい	かたさ	16
ぼろぼろの	もろさ	17
さらさらした	粘性	18
ねばねばする	付着性	19

第4章　調理の基本

2 調理操作

教p.96〜113

1 非加熱操作

教p.96〜105

知 1 次の食品の重量と容量の目安の表の空欄に適する食品名や数字を記入しよう。

食品名	小さじ (1　　)mL	大さじ (2　　)mL	カップ (3　　)mL
しょうゆ・みりん・みそ	6g	(4　　)g	230g
(5　　　　)	3g	(6　　)g	130g
小麦粉（薄力粉）	3g	9g	(7　　)g
サラダ油・バター	(8　　)g	12g	180g
マヨネーズ	4g	12g	(9　　)g

知 2 調味のポイントをまとめてみよう。

> 10

知 3 次の説明に合う包丁を線で結ぼう。

・肉・魚・野菜を切るのに用いられる代表的な洋包丁　①・　　・ア　文化包丁（三徳包丁）

・洋包丁と菜切り包丁両方の特徴を備え、
　肉・魚・野菜など全般に使える　②・　　・イ　パン切り包丁

・みねが厚く，刃先が鋭く，魚をおろすのに
　適している　③・　　・ウ　中華包丁

・波型の刃によりパンやケーキなどの
　やわらかいものをつぶさずに切れる　④・　　・エ　出刃包丁

・和・洋包丁に比べて大きくて重い刃で，
　さまざまな食品を切る　⑤・　　・オ　牛刀

知 4 野菜のあくの除き方をまとめた次表の空欄に適する語句を記入しよう。

目的	食品名	あくの除き方
えぐ味をとる	ほうれん草，春菊	ゆでた後，(11　　　　)にさらす
	(12　　　　)	ぬかを入れた水でゆで，ゆで汁につけて冷ます
	(13　　　　)	米のとぎ汁でゆでる
	わらび，ぜんまい	灰汁や(14　　　　)を加えたアルカリ性のゆで汁でゆでる
(15　　　　)を防ぐ	ごぼう，れんこん，なす，じゃがいも	水・食塩水・食酢水などにつける

知 **5** 次の乾物の戻し方に適する食品を選択肢から選び，記号で答えよう。

・水にぬらしたものを塩でもんで水洗いし，たっぷりの水で，水から半透明になるまでゆでる。

(16 　　　　)

・適当な大きさにちぎり，たっぷりの水に30分ほどつけ，細かくちぎる。 (17 　　　　)

・熱湯に3分ほどつける，または1〜2分ゆでる。 (18 　　　　)

・60℃くらいの湯につけてふやかし，水の中で白っぽい水が出なくなるまで押し洗いする。

(19 　　　　)

| **ア.** はるさめ | **イ.** 角（棒）かんてん | **ウ.** 高野豆腐 | **エ.** かんぴょう |

知 **6** 家庭用冷蔵庫について，図の空欄にあてはまる語句や数字を記入しよう。

冷蔵室（ 20 　）℃
冷蔵食品

ドアポケット
少し温度が高めになる
6〜8℃
卵, 牛乳,（ 21 　）など

製氷室　-20〜-18℃
自動製氷機能でつくっ
た氷を保存

（ 22 　）室　-1〜1℃
パーシャル室　-3〜-2℃
魚・肉類, 発酵食品,
練り物製品, 乳製品,
豆腐, 漬け物

冷凍室（ 23 　）℃
冷凍食品, アイスクリーム,
乾物

（ 24 　）室　3〜7℃
野菜, くだもの, 飲料

(20 　　　　　) (21 　　　　　　　) (22 　　　　　　　)
(23 　　　　　　　) (24 　　　　　　　)

知 **7** 酢の物・あえ物の種類について，下表にまとめてみよう。

	種類	方法
酢の物	25	甘味のある合わせ酢。魚介類や野菜類に用いる。
	26	塩またはしょうゆを加えた合わせ酢。磯のにおいの強い魚介類に合う。
	27	甘味の強い合わせ酢。かぶ・だいこんなどに用いる。
	28	（ 25 ）・（ 26 ）にしょうがのしぼり汁を加える。魚介類に合う。

	種類	方法
あえ物	29	すりごま・砂糖・しょうゆでゆでほうれん草などをあえる。
	30	すった白ごまと豆腐で精進物をあえる。
	31	みそ・酢などの調味料であえる。からしを加えることもある。ぬたともいう。
	32	すりつぶした木の芽にみそなどを加え，たけのこやいかなどをあえる。
	33	だいこんおろしを衣としたもの。

② 加熱操作

教p.106〜111

知 **1** 湿式加熱と乾式加熱について，それぞれまとめてみよう。

湿式加熱（しっしきかねつ）	乾式加熱（かんしきかねつ）
・熱媒体（ねつばいたい）…1	・熱媒体…3
・含（ふく）まれる操作…2	・含まれる操作…4

知 **2** さまざまな加熱法について，下表の空欄に適する語句を記入しよう。

加熱法	温度（℃）	特徴		料理名
5	200〜230	・高温・短時間 ・(6　　　　　　) の損失が少ない	・油の香味（こうみ）が加わる	7
8	130〜190		・食品の水分が減少し，油を吸収する	9
10	150〜250	・(11　　　　　　)・うま味の損失が少ない ・こげの風味が加わり，香（かお）りがよい ・火力の調節が難しい		12
13	100	・調味液で味をつけられる ・煮崩（にくず）れし，(14　　　　　　) に栄養分やうま味が逃げやすい		15
16	100	・(17　　　　　　)や水分を加えない ・水分をとばしたりこげ目をつけたりする		18
19	100	・食品の軟化・脱水（だっすい），(20　　　　　　) の凝固（ぎょうこ），色の保持 ・不要成分の除去		21
22	100	・(23　　　　　　)が食品の水分を激しく振動させ，発熱させる ・型崩れ・栄養素の損失が少ない		24
25	85〜100	・食品の形が崩れない ・栄養分や(26　　　　　　)が逃げにくい ・加熱時間が長い		27

知 **3** だしのとり方について，日本料理，西洋料理，中国料理それぞれの特徴をまとめてみよう。

だしのとり方	日本料理	28
	西洋料理	29
	中国料理	30

知 **4** なべの水加減について，図中に水の位置を描こう。また，どのような状態か，特徴を説明しよう。

水加減	図	特徴
ひたひた	31	32
かぶるくらい	33	34
たっぷり	35	36

知 **5** 次の文の下線部について，正しい場合は○を，誤りの場合は正しい答えを（　）に記入しよう。

・含め煮とは，材料が十分ひたる煮汁で加熱し，そのままおいて味を含ませる方法である。

(37　　　　　　　　　　)

・いり煮とは，大量の煮汁でいりつけるように仕上げる方法である。　(38　　　　　　　)

・煮びたしとは，濃い味で煮て，煮汁にひたして供する方法である。　(39　　　　　　　)

・みそ煮とは，みそ味で仕上げる方法である。　(40　　　　　　　)

・甘煮とは，甘・辛の両方をしっかりつける方法である。　(41　　　　　　　)

・白煮とは，素材の白さを残すように仕上げる方法である。　(42　　　　　　　)

・炒め煮とは，炒めてから煮汁を入れ，煮汁が残るように仕上げる方法である。

(43　　　　　　　　　　)

知 **6** 「揚げる」操作について，次の設問に答えよう。

(1) 次の文の空欄に適する語句を記入しよう。

　(44　　　　　　　　　)のなかで食品を加熱する操作を「揚げる」といい，加熱中，食品中の水分の一部が(45　　　　　　　　)となって発散し，代わりに(　44　)が吸着する。揚げ加熱は，通常短時間加熱であり，揚げ加熱中には調味できない。利用する油の温度は(46　　　　　　　　　)℃である。いものように(47　　　　　　　　)を多く含む食品や，骨つき鶏肉のから揚げのように，材料が大きい場合，(48　　　　　　　　)℃の比較的低温で揚げる。この場合，もう一度高温で揚げる二度揚げをすると油切れがよくなる。天ぷらやフライの吸油率は，天ぷらで(49　　　　　　　　)％，フライで(50　　　　　　　　)％となり，摂取エネルギーが高くなる。

(2) 使用後の揚げ油はどのように保管するか，留意点をまとめよう。

51

③ 加熱調理器具

教p.112〜113

知 1 次のなべの特徴にあてはまる材料を線で結ぼう。

さびにくいが，熱の伝わりが悪いのでこげつきやすい　①・　　　　　・**ア**　アルミニウム

軽く，熱の伝わりが速く，安価なので最も利用されている②・　　　　・**イ**　鉄

融点が高く，熱の伝わりはよいが，重くてさびやすい　③・　　　　　・**ウ**　ステンレス

熱の伝わりは非常に速いが，さびやすい　④・　　　　　　　　　　　・**エ**　銅

知 2 加熱調理器具について，下表に特徴をまとめてみよう。

名前	特徴
圧力なべ	加熱によって生じる(1　　　　　　　　)をなべ内に閉じこめることで(2　　　　　　　　)を高めて温度を上げる。(3　　　　　　　　)料理に適している。
保温なべ	加熱後，なべの周りを覆うことで，(4　　　　　　　　)を逃げにくくしたもの。(5　　　　　　　　)を利用して食品の煮熟や調味ができる。(　3　)料理に適しており，(6　　　　　　　　)にもなる。
蒸し器	金属製や竹製などがある。何段にも重ねられるため，一度に多量の蒸し物ができる。
オーブン	熱源は(7　　　　　　　　)やガス。上下にヒーターがつき，熱は食品の(8　　　　　　　　)から(9　　　　　　　　)へ伝わる。オーブン加熱に蒸気加熱を加えた(10　　　　　　　　　　　　　)オーブンという加熱方法もある。
電磁調理器(IH調理器)	電磁を誘導してなべを発熱させることで食品を加熱する。(11　　　　　　　　)対応のなべが必要であるが，炎が出ないため，引火や，火が消えることによるガスもれの心配がないが，直火焼きはできない。

知 3 電子レンジについて，空欄に適する語句を記入しよう。

熱源は(12　　　　　　　　　)で，(　12　)を食品に照射すると，食品に(　12　)のエネルギーが吸収され，主に食品の(13　　　　　　　)の温度が急激に上昇することで食品自体が発熱する。少量，短時間加熱に適し，栄養素の損失が少ない。

器に入れたまま加熱ができる。ただし，(14　　　　　　　　)の器，漆器，金や銀の模様のあるもの，(15　　　　　　　　)でないガラス器は避ける。

第4章　調理の基本

3 調味操作

教p.114〜115

① 調味の目的

教p.114

知 1 調味について，空欄に適する数字を記入しよう。

適度でおいしいとされる食物中の塩分の濃度は(¹　　　　　　　)％で，汁物は(²　　　　　　　)％前後が好まれる。これに対して，適度でおいしいとされる砂糖の濃度は，煮物や飲み物で(³　　　　　　　)％，煮豆やあん類で(⁴　　　　　　　)％である。砂糖の濃度は許容範囲が広いのに対して，塩分の濃度は狭い。調味をする際，塩分は調節しながら加えるようにする。また，しょうゆは食塩を(⁵　　　　　　　)％前後，みそは種類により(⁶　　　　　　　)％含むので，しょうゆなら重量で食塩の約(⁷　　　　　　　)倍，みそなら約(⁸　　　　　　)倍を目安に調味する。

知 2 減塩のための調理の工夫をまとめてみよう。

・新鮮な(⁹　　　　　　　)の食材を用いて素材の味を引き立たせる。

・(¹⁰　　　　　　　)や香味野菜，(¹¹　　　　　　　)を用いて香りよく仕上げる。

・(¹²　　　　　　　)のある食品を使う。

② 調味をする段階

教p.115

知 1 次の文の空欄に適する語句を記入しよう。

おでんなどの煮物では，食品がやわらかく煮えた後も煮汁にひたして調味料を(¹　　　　　　　)させる。砂糖は食塩よりも(²　　　　　　　)が大きく，味のしみこみが遅いため，砂糖，塩の順に加える。酢，しょうゆ，みそは，酸味や塩味の他に(³　　　　　　　)による多くの香りを含むので，最後に加える。いも類や野菜類は(⁴　　　　　　　)なってから調味料を加えるほうが，味がしみこみやすい。肉や魚は，たんぱく質の(⁵　　　　　　　)を早めて内部のうま味や水分を保つため，調味した煮汁を(⁶　　　　　　　)たところに入れる。

砂糖やしょうゆなどの調味料は(⁷　　　　　　　　　　　　　　　　)を起こさせ，食品の風味を向上させるはたらきがある。

知 2 1 1 の下線部の例をあげてみよう。

8

第5章 料理様式とテーブルコーディネート

1 料理様式と献立

教p.116〜127

---

1 日本料理の様式と献立

教p.116〜119

知 1 次の文にあてはまる料理を選択肢から選び，記号で答えよう。

・古くは室町時代の武家の正式な供応食。　　　　　　　　　　　　（1　　　　　　　）

・（　1　）の料理の前に酒肴を供す。酒礼のこと。　　　　　　　（2　　　　　　　）

・米飯，汁，菜が2種，真ん中に香の物が並ぶ配膳。　　　　　　（3　　　　　　　）

・鎌倉時代に禅宗の広がりとともに普及した料理で，動物性食品を使わない料理。

　　　　　　　　　　　　　　　　　　　　　　　　　　　　　　（4　　　　　　　）

・安土桃山時代に千利休が完成させた茶席の前に供する簡素な料理。　（5　　　　　　　）

・現在の料理屋の多くがこの形式で，最初に酒肴となる数品の料理が一品ずつ順に供される。

　　　　　　　　　　　　　　　　　　　　　　　　　　　　　　（6　　　　　　　）

> **ア.** 一汁三菜　　**イ.** 式三献　　**ウ.** 懐石料理　　**エ.** 本膳料理
>
> **オ.** 精進料理　　**カ.** 会席料理

知 2 会席料理の献立例についてまとめてみよう。

前菜・先付
（7　　　　　　　　　）として，海や山のものを彩り・形・味つけ・季節感に配慮し，少量ずつ1〜3種くらい取り合わせる。

↓

（8　　　　　　　　　）
新鮮な季節の魚介類をさしみや酢で調味したなますにして用いる。

↓

（9　　　　　　　　　）
（10　　　　　　　　　）が多い。
わん種は，魚・貝・鶏肉などに野菜類をあしらい，吸い口を添える。

↓

（11　　　　　　　　　）
主に魚介類の焼き物が多く，季節の魚貝類に調和のよい季節の野菜を添える。魚切り身，えびの焼物，鮎の姿焼きなど。

→

（12　　　　　　　　　）
季節の野菜と魚介類を取り合わせて彩りよく盛りつけた煮物または蒸し物。このあとに揚げ物が出されることもある。

↓

（13　　　　　　　　　）
新鮮な魚介類と野菜を取り合わせた酢の物を用いることが多いが，あえ物やひたし物などにしてもよい。

↓

（14　　　　　　　　　）
順に供される料理の最後に飯と共に出される汁でみそ仕立てが多い。

（15　　　　　　　　　）
料理に重点を置いた場合，白飯を供するが，最近はかわり飯も多い。

（16　　　　　　　　　）
浅漬けなどを含め，2，3種取り合わせる。

↓

（17　　　　　　　　　）
くだもの，菓子類

＊料理内容や供する順には必ずしも決まりがない。

知 **3** 座席と訪問時のマナーについて，以下の問いに答えよう。

(1) 次の文の空欄に適する語句を記入しよう。

訪問先で靴を脱いで部屋に入る場合，靴は(18 ⎵⎵⎵⎵⎵⎵⎵)を向いて脱ぎ，振り返って靴の向きを逆にする。部屋が，和室の場合は，一般に部屋の奥のほうが(19 ⎵⎵⎵⎵⎵⎵⎵⎵)で，入り口に近いほうが(20 ⎵⎵⎵⎵⎵⎵⎵⎵)が座る。席に着くのは
(21 ⎵⎵⎵⎵⎵⎵⎵)の人が座ってからのほうがよく，どのような人の集まりかにより自分の場所を確認する。部屋に入る時には，(22 ⎵⎵⎵⎵⎵⎵)や畳の(23 ⎵⎵⎵⎵⎵⎵)を踏まないようにする配慮も必要である。

(2) 下線部について，以下の場合は主客・主人はどこに座るか。上座から順に数字を記入し，主人が座る位置は○を黒くぬりつぶそう。

〈床のある場合〉
24

〈広間の場合〉
25

知 **4** 日本料理の食事マナーについて，下線部が正しい場合は○を，誤りの場合は正しい答えを（　）に記入しよう。

・食事をする時は姿勢をよくし，食卓にひじをつくなどをしない。
(26 ⎵⎵⎵⎵⎵⎵⎵⎵⎵⎵)

・食事中は原則音を立てて食べるようにする。
(27 ⎵⎵⎵⎵⎵⎵⎵⎵⎵⎵)

・飯と汁の食器は，机に置いたままいただく。
(28 ⎵⎵⎵⎵⎵⎵⎵⎵⎵⎵)

・骨つきの魚は，中心に近いところから順に食べ，上身を食べ終わったら，骨をはずし，下身を食べる。
(29 ⎵⎵⎵⎵⎵⎵⎵⎵⎵⎵)

・箸をなめたり，箸を持ったままいろいろなおかずの上を迷ったり，箸と箸で食べ物のやりとりをするなどはタブーとされている。
(30 ⎵⎵⎵⎵⎵⎵⎵⎵⎵⎵)

MEMO

クローズアップ①

日本の食文化

教p.120〜121

知 **1** 魚食文化について，次の文にあてはまる魚を記入しよう。

・行事食や婚礼などの儀礼食には欠かせない，尾かしらつきの焼き物の代表。

(1　　　　　　　　　　)

・出世魚として名前が変化する。西日本の年とり魚。　　(2　　　　　　　　　　)

・にぎりずし，さしみなどにより江戸で広がり評価。　　(3　　　　　　　　　　)

・東日本の年とり魚。卵は「いくら」に加工。　　　　　(4　　　　　　　　　　)

・(　5　)ずしは西日本に多く特別な日につくられる。　(5　　　　　　　　　　)

・細くひも状にして乾燥させた「のし」は祝いごと，神事などに用いる。

(6　　　　　　　　　　)

思 **2** 日本の食文化「和食」はなぜ海外から注目されているのだろうか。「和食」の栄養的な特徴と健康維持に役立つ理由を調べてみよう。

栄養的な特徴 7

健康維持に役立つ理由 8

思 **3** 教科書p.121のグラフ❻❼❽から，読み取れることをまとめてみよう。

9

思 **4** 家や地域でつくられている雑煮の特徴にあてはまるものに○をつけよう。

もちは？	汁の調味は？
形（　角もち　・　丸もち　）	だし（　かつおぶし　・　こんぶ　・　貝類　）
調理（　焼く　・　ゆでる　）	みそ（　赤みそ　・　白みそ　・　合わせみそ　） しょうゆ（　濃いくち　・　薄くち　）

② 西洋料理の様式と献立

教p.122〜124

知 **1** 正餐（ディナー）の献立について，選択肢を正しい順番に並べてみよう。

前菜⇒(1   )⇒(2   )⇒(3   )⇒(4   )
⇒デザート

| ア．肉料理 | イ．魚料理 | ウ．スープ | エ．サラダ |

知 **2** 以下の場合の，ナイフとフォークの置き方を描き入れよう。

食べている途中　　5　　◯　　　　食べ終わった後　　6　　◯

知 **3** 次の食事マナーについて，空欄に適する語句を記入しよう。

・テーブルに置かれたナフキンは(7   )の上におく。
・スープ用スプーン以外のナイフ，フォークは原則(8   )側から料理の順に使用する。
・スープは(9   )を立てないようにいただく。
・パンは(10   )大に手でちぎり，好みでバターをつけて食べる。
・サラダは(11   )料理に続いて出されるので，(11)用のナイフ・フォークを用いる。

知 **4** 立食（ビュッフェ）スタイルで食事をするときの注意点を考えてみよう。

12

思 **5** 西洋料理のうち，ユネスコ無形文化遺産に登録されたフランスの美食術と地中海料理について調べ，特徴をまとめてみよう。

使われる食材には何があるだろう？
どのような慣習があるだろう？

フランスの美食術	地中海料理

③ 中国料理の様式と献立

教p.125～127

知・① 中国料理の四大地方別の特徴をまとめてみよう。

	特徴	味つけ	料理例
北方系 （北京） 料理	冬季の寒さが厳しく，小麦粉を使った料理，（1　　　　　）を用いた濃厚（のうこう）な料理が発達した。	からだを温めるねぎ，にんにくなどの （2　　　　　　　） を使用。	北京烤鴨（ベイヂンカオヤー），包子（パオズ），饅頭（マントウ）， 餃子（チャオヅ）など
東方系 （上海系）（シャンハイ） 料理	比較的穏やかな気候，四季があり風土的に日本に近い。魚米の郷といわれ，魚介（ぎょかい）類，米，野菜が豊富。	味はやや （3　　　　　　　）で， 材料に欧米（おうべい）の影響（えいきょう）がみられる。	東坡肉（トンポウロー），上海蟹の蒸し物（しゃんはいがに）など
西方系 （四川系）（めぐ） 料理	海から遠く隔（へだ）たった山間地域。川に恵（めぐ）まれ，米，野菜，きのこ類， （4　　　　　　）などが豊かで食品の加工法や貯蔵法が発達した。	さんしょう・ （5　　　　　　） などを用いた刺激（しげき）の強い料理が多い。	（6　　　　　　　） 豆腐（ドウフ），棒々鶏（パンパンチー）など
南方系 （広東） 料理	高温で雨量が多く，米，野菜をはじめ（7　　　　　　）などが豊富である。		広東発祥（はっしょう）の （8　　　　　　　）， 烏龍茶（ウーロンチャ），叉焼肉（チャーシャオロウ）など

知・② 中国料理の調理法・料理例・内容について，適するものを線で結ぼう。

炒（炒める）（チャオ）（いた）　①・　　・ア　酸辣湯（スワンラータン）　　・A　肉団子もち米蒸し

炸（揚げる）（チャー）（あ）　②・　　・イ　烤羊肉（カオヤンロウ）　　・B　五種せん切りあえ

溜（あんかけ）（リュウ）　③・　　・ウ　炒飯（チャオファン）　　・C　チャーハン

煮（水煮など）（チュウ）　④・　　・エ　糖醋肉（タンツーロー）　　・D　鶏のから揚げ

湯（スープ）（タン）　⑤・　　・オ　麻辣五絲（マーラーウースー）　　・E　酸味（からみ）と辛味のスープ

蒸（蒸す）（チョン）　⑥・　　・カ　炸八塊（ツアパアクアイ）　　・F　酢豚

焼烤（焼く）（シャオカオ）（う）　⑦・　　・キ　珍珠丸子（チンヂュワンズ）　　・G　ゆで豚薄切り

拌（あえる）（バン）　⑧・　　・ク　白片肉（パイペンロー）　　・H　羊肉の焼肉

知・③ 中国料理の配膳と食事のマナーについて，空欄に適する語句を記入しよう。

宴席（えんせき）の配膳（はいぜん）は，1卓（たく）（9　　　　　　　）人で円卓を用いる。出入り口から遠いところが
（10　　　　　　　）で，（11　　　　　　　）が座る。料理は，（　11　）から順に大皿から
取り分け，次に回す。自分の皿にとる時は，みんなに行き渡るよう配慮（はいりょ）し，やや控えめに取り
分ける。みんなに行き渡れば，再びとるのもよい。しかし，とったものは食べ残さないように
する。他の人が料理をとっている時は，台を（12　　　　　　　）。茶がふたつきの茶わ
んで出された時は，（13　　　　　　）でふたを少し向こう側にずらし，軽くふたを押さえ
たまま飲む。
　中国料理では，同席の人たちと（14　　　　　　　　　）をとりながらいただく
ことが重視され，1卓を囲んで，親しく食事をするという雰囲気（ふんいき）を壊（こわ）さないようにふるまうこ
とが大切である。

クローズアップ②

世界の食文化

教p.128〜129

知 **1** 二大穀物の米と小麦についてまとめてみよう。

	米	小麦
気候	夏は(1　　　　　　　　)	夏は(2　　　　　)して冷涼な地
産地	3	4
文化	(5　　　　　　)文化	(6　　　　　　)文化
料理名	7	8

思 **2** 宗教上の理由から形成されたタブーについて調べ，表にまとめてみよう。

宗教	内容	食べてもよい食品
イスラム教 （ハラール）		
ユダヤ教 （コーシャ）		
ヒンズー教		

思 **3** 「ビーガン」について，「ベジタリアン」との違いに注目してまとめてみよう。

2 テーブルコーディネート

教p.130〜139

① テーブルコーディネートとは

教p.130

知 1 テーブルコーディネートについて，空欄に適する語句を記入しよう。

　テーブルコーディネートとは，目で見て(^{1}　　　　　　　　　），食べる人の
(^{2}　　　　　　　　　）を満足させ，会話のはずむ食卓を整えるために，食器や
(^{3}　　　　　　　　　），花などの装飾品の色調や形の調和をはじめ，食事空間全体
の雰囲気をイメージし，組み立てることである。また，(^{4}　　　　　　　　　　　　　　）
とは，これらを実際に行うことである。

② テーブルコーディネートの基本

教p.131

思 1 テーブルコーディネートの計画を立ててみよう。

項目	ポイント	計画	備考
Why	何のために？		
Who Whom	だれがだれを招く？ 席次は？		
When	季節や時間帯などは？		
Where	食べる場所は？		
What	どのような料理？		
How	食事の様式は？		
予算は？			
準備が必要なことは？			

思 2 上記の計画で使いたい食器やカトラリー，花，フィギュアを雑誌やインターネットから
選んで画像を切り貼りしたり，イラストを描いたりしてイメージしてみよう。

③ 和風のテーブルコーディネート （教p.132〜133）

知 **1** 次の文に適する語句を答えよう。

・現代の日本料理の宴会や会食に取り入れられている形式。　（¹　　　　　　　　　）料理

・和風の食卓が特に大切にすること。　　　　　　　（²　　　　　　　　　）感や行事の雰囲気

・日本料理において1人分の器を載せるもの。　　　　　　（³　　　　　　　　　）

・足のつかない（　³　）。　　　　　　　　　　　（⁴　　　　　　　　　）

・花崗岩などの陶石を材料とし，高温で焼き上げた透明感のある焼き物。

（⁵　　　　　　　　　）

・粘土を材料とし，吸水性はあるが釉薬により水を通しにくい焼き物。（⁶　　　　　　　　　）

知 **2** 次の盛りつけのあしらい・かいしきはどの季節か，春・夏・秋・冬に分類してみよう。

7	春	夏	8
9	秋	冬	10

```
ア．ゆず　　イ．たけのこの皮　　ウ．稲穂　　エ．紅葉した柿の葉やもみじ
オ．青もみじ　　カ．ほおずき　　キ．木の芽（さんしょうの若芽）　　ク．雪の下
```

④ 洋風のテーブルコーディネート （教p.134〜135）

知 **1** 洋風のテーブルコーディネートについて，以下の問いに答えよう。

(1) 正餐での1人分のセットになる食器類の種類をすべて書き出そう。

```
1
```

(2) グラス類の種類を書き出そう。

```
2
```

(3) 次の文の空欄に適する語句を記入しよう。

　1人用のディナー皿では，メイン料理とソースを（³　　　　　　）に，つけ合わせを（⁴　　　　　　　　）に盛る。ローストチキンなどの，骨つき肉の場合は，骨が（⁵　　　　　　）にくるように盛る。

　（⁶　　　　　　　　）は，もともとは刃物の総称であるが，通常はナイフ・フォーク・スプーンなどの食べ物を口に運ぶための道具をさす。使用する順に，（⁷　　　　　　）から並べる。（⁸　　　　　　　　）とは，塩・こしょう入れ，ナプキンリングなどのテーブルの上に飾る小物類やクロスウェイトなどをさす。

⑤ 中国風のテーブルコーディネート

教p.136

知 1 中国風のテーブルコーディネートについて，空欄にあてはまる語句を記入しよう。

　一般的には（1　　　　　　　　）を囲み，大皿に盛りつけられた料理を，各自で取り分けて食べる。料理と共に，しょうゆびん・酢びん・薬味入れも並べる。

　食器類は（2　　　　　　　　）の大小の皿と，わんの組み合わせが基本である。丸いテーブルに丸い皿の使用には，どの向きからも，料理の盛りつけが同じに見えるようにとの心づかいがある。食べ物を口に運ぶには，箸と，蓮の花びらに形が似ている（3　　　　　　　　）を使う。箸は，日本の箸より長く，銀製や象牙製などがある。

　日本料理では，奇数個の料理を盛りつけるのに対し，中国料理では，（4　　　　　　　　）個の盛りつけが喜ばれる。宴会料理の前菜には，鳥をかたどった盛りつけや，にんじんやだいこんの（5　　　　　　　　）などが飾られる。

⑥ 室内のコーディネート

教p.136〜137

知 1 室内空間の演出について，よいこと（○）と避けた方がよいこと（×）を表にまとめてみよう。

演出	○	×
明るさ	（1　　　　　　　）の光は，食べ物をよりおいしそうに感じさせ，気持ちをリラックスさせる効果がある。カットグラスや金属製のカトラリーに（2　　　　　　）を与える。	明るすぎたり，寒色系の明かり，蛍光灯の光源は避ける。
音	（3　　　　　　　）リズムの音楽を，音量を下げて流す。	（4　　　　　　）食べたり，大声を出さない。
香り	嗅覚は，周りが（5　　　　　）ほうがよく働く。（6　　　　　　）などのような，食欲をそそる草花を食卓に飾ると効果的である。	香りの（7　　　　　　）室内用芳香剤やコロンの使用は避ける。
配色	暖色系は，温かい雰囲気をつくり，青や緑が多く入る（8　　　　　　）系は，落ち着いた雰囲気をつくる。	不快感を与えない組み合わせができるような色彩感覚を身につける。

思 2 教科書p.137⑳を参考に，テーブルコーディネートをしてみよう。

どのような場面？	食卓のスタイル（イメージ）	2〜3色で色をぬろう

1 献立作成

教p.140〜145

1 日常食の献立作成条件

教p.140

知 1 献立作成について，空欄に適する語句を記入しよう。

(1 　　　　　　　　)とは，食品の選択・購入・管理・調理などの食事計画を立てることをいい，おいしさと共に栄養バランスのよい日常食の(1)が立てられることを基本とする。さらに，食事の場面に応じて，非日常として(2 　　　　　　　)や(3 　　　　　　)，疾病状況に応じた(4 　　　　　　　)や(5 　　　　　　　)，さらには(6 　　　　　　)などについても考慮する必要がある。

知 2 米・パン・めんなどの主食から考える場合の，献立作成の手順をまとめてみよう。

1日3食を考えてみよう
　主食として考えられるものは米・パン・めん。

⬇

(7 　　　　　)を考えてみよう
　おかずとしてどんなものが合うのだろうか。（魚・肉・卵・大豆など）

⬇

(8 　　　　　)を考えてみよう
　主食や(7)に合っているだろうか。食材は重複していないだろうか。（野菜・海藻・いも・大豆製品など）

⬇

(9 　　　　　)を考えてみよう
　飲み物で代用してもよい。

⬇

全体を通して過不足やかたよりがないか，確認してみよう。

⬇

(10 　　　　　　)や(11 　　　　　　　)などについても考えてみよう。

思 3 豚ロース肉を主菜に使った春の献立を和食・西洋料理・中国料理のいずれかで考えてみよう。

○で囲もう	主菜	副菜	汁物	主食
和 洋 中				

② 日常食の献立作成の手順 〔教p.141〜143〕

知 **1** 栄養や食感を損ねない調理法について，「褐変防止」の例を教科書p.64，p.98を参考にまとめてみよう。

1

思 **2** TRY 「低糖食」の例を考えてみよう。

2

知 **3** 魚介類と野菜類・きのこ類について，それぞれの旬の食材を書き出してみよう。

	春	夏	秋	冬
魚介類	3	4	5	6
野菜類	7	8	9	10

知 **4** 食品ロスを減らす工夫についてまとめてみよう。

・買い過ぎない
・(11   )を工夫する
・(12   )内の配置を工夫する
・つくり過ぎない
・調理の(13   )を減らす
・ゴミの(14   )を減らす
・(15   )を減らす工夫をする
・レシピを知り(16   )を高める
・使いきれない食品を(17   )へ寄付する

知 **5** アナフィラキシーについて，空欄に適する語句を記入しよう。

　アナフィラキシーとは，(18   )などの侵入により，複数の臓器に全身性のアレルギー症状が引き起こされ，生命の危険を与える(19   )のこと。アナフィラキシーに血圧低下や意識障害を伴う場合を，
(20   )という。緊急性が高い場合には，ただちに
(21   )を呼ぶ，その場で(22   )にする，
(23   )を使用する，などの対応を考える。

③ 供応食・行事食

教p.144

知 **1** 供応食と行事食について説明した文中の空欄に適する語句を記入しよう。

供応食とは，(1 _____) の食事であり，客を招待し，料理を通じて
(2 _____) などを表す食事である。

行事食にはその行事の由来や意味を持つ食材や料理があり，献立に取り入れることが多い。
日本で行われている年中行事には，古くから伝わっている(3 _____) や
(4 _____) があり，行事食は地域により特色ある(5 _____) として
継承されている。

思 **2** 日本で行われている年中行事を1つ選び，献立を考え，主食・主菜・副菜・汁物・デザート・飲み物の順に記入しよう。また，その献立を考えた理由も記入しよう。

選んだ年中行事：(_____)

献立	理由

④ テーマ設定と調理実習

教p.145

思 **1** 「友だちの誕生日を祝う」献立作成から食事までの手順をまとめてみよう。

教科書巻末p.5〜6
を参考にしよう

テーマ	「友だちの誕生日を祝う」	
Step1	食事摂取基準の確認〔○で囲む〕 年齢 〔 15〜17 / 18〜29 〕歳 性別 〔 男 / 女 〕 身体活動レベル 〔 Ⅰ / Ⅱ / Ⅲ 〕	塩分に注意しよう ナトリウムの食事摂取基準 （目標量［食塩相当量］） 男 [ ] g, 女 [ ] g

推定エネルギー必要量	たんぱく質	脂質エネルギー比率	炭水化物エネルギー比率	食物繊維	カルシウム	鉄	ビタミンA	ビタミンB$_1$	ビタミンB$_2$	ナイアシン	ビタミンC	ビタミンD
kcal	g	%	%	g以上	mg	mg	μgRAE	mg	mg	mgNE	mg	μg

食品群別摂取量のめやすを参考に献立作成

＊1食分＝1日分の(1 _____) 分の1として考えよう

教科書巻末p.4
を参考にしよう

第1群		第2群		第3群			第4群		
乳・乳製品	卵	魚介・肉	豆・豆製品	野菜	いも	くだもの	穀類	油脂	砂糖

Step2	友だちのし好に合った，旬の食材を使った料理の立案 　料理（　　　　　　　　　　　　　　　　　　）
Step3	食費の算出，季節感の表現，調理時間の計算，買い物　＊食品ロスを考えよう 　食費　　　（　　　　　　　　　　）円 　季節感　　（　　　　　　　　　　） 　調理時間　（　　　　　　　　　　）分 　購入先　　（　　　　　　　　　　）

色もぬって
みよう

Step4	テーブルコーディネート センターピース・フィギュア，テーブルクロス・ ランチョンマット，音楽・照明，皿・カトラリー などをイメージして，イラストにしてみよう	招待状のイメージ図も描いて みよう

Step5	調理 ・調理（2　　　　　　　　　　）を確認する。 ・調理時間の短縮化をはかる。 ・並行して（3　　　　　　　　　　）を行う。 ・供食前に必ず（4　　　　　　　）を確かめる。 ・温かいものは温かく，冷たいものは冷やすなど適温の食事の 　（5　　　　　　　　　　）を心がける。 ・盛りつけをする。
Step6	会食 ・音楽や照明に気を配る。 ・食後の（6　　　　　　　　　　）や飲み物も用意する。 ・会話を楽しむ。
Step7	後かたづけ ・残った料理や食品を次の献立に利用できるか考える。 ・食器や器具の洗浄は衛生上その日のうちに行う。 ・みんなで協力する。
Step8	反省 ・今日の食事のよかった点と反省点を記録し，次回に役立てる。

クローズアップ③

災害食について考える

教p.146〜149

知 **1** 災害時のライフラインの復旧について，あてはまる数字を記入しよう。

・電気は(^{1}　　　　　　　)日，上下水道は(^{2}　　　　　　　)日，ガスは(^{3}　　　　　　　)日程度使えないおそれがある。

・1週間は自分でなんとか暮らせるように備蓄(びちく)しておく。

・日ごろ利用している食料品や生活必需品を少し多めに購入しておく「日常備蓄」を心がける。

思 **2** あなたの家にはどのような食品がどれくらい備蓄されているか調べてみよう。

食品	あなたの家の備蓄	2人家族で必要な量（1週間分）
水		水2L　24本
主食		無洗米5kg レトルトご飯35食 即席めん3パック
主菜		レトルト食品12食 缶詰（さばなど)12缶
缶詰(かんづめ)		くだものの缶詰3缶
ジュース		野菜ジュース12本
加熱せずに食べられるもの		チーズ プロテインバー4パック
菓子(かし)		チョコレートなど3袋
栄養補助食品		ゼリーなど12箱

＊2人家族で必要な量はめやすであり，年齢(ねんれい)構成などによって変わる。

思 **3** TRY ライフラインが止まったら，何を食べればよいだろうか。教科書p.147を参考に3日分の献立を立ててみよう。

	今日（1日目）	明日（2日目）	明後日（3日目）
朝			
昼			
夕			
間食			

クローズアップ④

ひとり暮らしの食事の工夫

教p.168〜169

思 **1** 時短＆節約にはどのような工夫があるか，以下の観点でまとめてみよう。

食材の保存方法	調理方法
1	2

思 **2** 電子レンジ加熱が優れている点をまとめてみよう。

3

栄養

味・見た目　　手間

4　　　　　　　5

思 **3** 電子レンジでできる料理を調べてみよう。

6

思 **4** TRY ひとり暮らしに必要な家電製品や調理器具にはどのようなものがあるか調べてみよう。

7

NOTE

クローズアップ⑤

チョコレートの世界を深掘り

教p.186〜187

思 **1** Bean to Barとは何かまとめてみよう。

> 1

思 **2** Bean to Barを行っている企業を調べてみよう。またあなたの住んでいる地域でBean to Barを行っている企業がないか調べてみよう。

> 2

思 **3** TRY 児童労働について考えてみよう。

（1） カカオ産業での児童労働が与える影響をそれぞれの立場に立って，よい影響と悪い影響を考えてみよう。

	よい影響	悪い影響
働いている子ども	3	4
子どもの親	5	6
チョコレート製造販売企業	7	8
私たち消費者	9	10

（2） （1）で考えた悪い影響を1つ取り上げ，解決するために，あなたが誰かと協力してできることを考えて，グループで話しあってみよう。

> 11

（3） SDGsの17の目標のうち，どの項目がカカオやチョコレートの生産と関係があるか，考えてみよう。

目標：（12　　　　　　　　　）

クローズアップ⑥

世界の料理から食文化を知ろう

教p.188〜189

思 **1** 各国の料理の特徴について空欄を埋め，例以外の料理には何があるか書き出してみよう。

国	特徴	料理
スペイン	・1日に(1　　　　　　)回食事をとる文化がある。 ・昼食がメインで食後に (2　　　　　　　　)をとる。 ・地域により特徴的な素材があり， (3　　　　　　　　)やオリーブ油を多く用いる。	例)スペイン風オムレツ (　　　　　　) (　　　　　　)
韓国	・(4　　　　　　　　)や発酵調味料が豊富。キムチは各家庭で漬ける。 ・ステンレス製の箸でおかずを，スプーンで飯と汁物を食べる。(5　　　　　)は持ち上げないのがマナー。	例)チャプチェ (　　　　　　) (　　　　　　)
ベトナム	・めんや(6　　　　　　　　)などでも米を幅広く食す。中国や (7　　　　　　　　)の食文化の影響を受ける。 ・調味料では(8　　　　　)という魚醤が用いられる。	例)生春巻き (　　　　　　) (　　　　　　)
インドネシア	・多種多様な宗教と民族が混在し，宗教による食の禁忌も多様である。 ・たんぱく質源として，大豆が原料の (9　　　　　　　)という発酵食品がある。	例)ナシゴレン (　　　　　　) (　　　　　　)

思 **2** あなたが行ってみたい国や行ったことのある国を2つあげて，その国の食文化や料理について調べてみよう。

国 (　　　　　　　　　　)

食文化や料理の特徴	料理

国 (　　　　　　　　　　)

食文化や料理の特徴	料理

クローズアップ⑦

発酵食品

教p.196〜197

思 **1** 発酵食品にはどのような健康増進効果があるかまとめてみよう。

> 1

思 **2** 発酵食品をあげてみよう。

> 2

思 **3** みそを使った料理を考えてみよう。

> 3

思 **4** こうじ甘酒を使った料理を考えてみよう。

> 4

思 **5** TRY 発酵食品について考えてみよう。

(1) 各国の発酵食品の製法や特徴，おいしい食べ方を調べてみよう。

国 （   ）

> 5

(2) 自分の住む地域や家に伝わる，発酵食品を使った料理にはどのようなものがあるだろうか。調べてみよう。

料理名	使っている発酵食品

(3) 普段の食生活にさまざまな発酵食品を取り入れるための工夫を考えてみよう。

> 6

第7章　食育

1 食育の意義と推進活動

教p.232〜235

1 食育の意義と課題

教p.232

知 1 食育の意義と課題について，空欄に適する語句を記入しよう。

・「食」に関する危機に取り組むため，2005年に（1　　　　　　　　　　）が施行された。

・食育の推進にあたっては，高校生は世界の環境改善や（2　　　　　　　　）の目標実現に

　向け，（3　　　　　　　　　　　）の一員として提言し行動することが重要である。

知 2 食育で育てたい「食べる力」6つをあげてみよう。

①心とからだの（4　　　　　　　）を維持できる

②食事の重要性や（5　　　　　　　　）を理解する

③食べ物の（6　　　　　　）や食事づくりができる

④一緒に（7　　　　　　　　）がいる（社会性）

⑤日本の（8　　　　　　　）を理解し伝えることができる

⑥食べ物や（9　　　　　　　）への感謝の心

2 食育推進活動例

教p.233〜235

知 1 食育推進活動例4つについて，空欄に適する語句を記入しよう。

（1　　　　　　　　　）の 充実	食べ物に感謝する心，（2　　　　　　　　　　）食文化，年中行事など，日本の伝統を次世代を担う子どもたちに伝えていくことができる。
高校での食育推進活動例	近年，高校に通う生徒自らが主体的に（3　　　　　　　　　　）と協働し，食育推進活動を実践している例もみられる。
地域で（4　　　　　　） を考える	家庭における共食が難しい子どもたちに対し，機会を提供する（5　　　　　　　　　　　）が広まっている。
災害時の備えと 地域ネットワーク	限られた食品や資源をもとに食事がとれるよう，非常時にも対応できる力を身につけておく。

思 2 あなたができる食育推進活動について，座標軸を使ってアイデアを出そう。

他の人の助けが必要

すぐにできる　　　　　　　　　　　　　　　　　時間がかかる

自分でできる

思 3 2日間の食生活を調査して，自分の生活を見つめ直そう。

(1) 食生活チェックシートを記入してみよう。

【　　月　　日　　曜日】

時間	行動	食べたもの	手づくり or 調理済み食品	産地	食べ残し	排便

【　　月　　日　　曜日】

時間	行動	食べたもの	手づくり or 調理済み食品	産地	食べ残し	排便

(2) (1)の食生活チェックシートから，反省すべき点を振り返り，原因を分析しよう。

(3) (2)の反省点に対する改善策を具体的に考えよう。

食品成分表

●自分が，日常よく利用する食品を記入し，その栄養成分を調べてみよう。

群		食品名 (100g)	エネルギー (kcal)	たんぱく質 (g)	脂質 (g)	炭水化物 (g)	カルシウム (mg)	鉄 (mg)	ビタミン					概量
									A (μgRAE)	B₁ (mg)	B₂ (mg)	C (mg)	D (μg)	
1群	乳・乳製品													
	卵													
2群	魚介・肉													
	豆・豆製品													
3群	野菜													

| 群 | | 食品名
(100g) | エネルギー
(kcal) | たんぱく質
(g) | 脂質
(g) | 炭水化物
(g) | カルシウム
(mg) | 鉄
(mg) | ビタミン | | | | | 概量 |
									A (μgRAE)	B₁ (mg)	B₂ (mg)	C (mg)	D (μg)	
3群	野菜													
	いも													
	くだもの													
4群	穀類													
	油脂													
	砂糖													

献立	盛りつけ配膳図	この献立の栄養価	
		・エネルギー	kcal
		・たんぱく質	g
実習のねらい		・脂質	g
		・塩分	g
		材料費（1人分）	
			円

調理名	材料名	分量g (mL)		食品群										その他
				1群		2群		3群			4群			
		1人分	( )人分・概量	乳・乳製品	卵	魚介・肉	豆・豆製品	野菜	いも	くだもの	穀類	油脂	砂糖	
計														

調理手順・ポイントなど

(分)	

自己評価（A：優れている　B：普通　C：努力を要する）	〈反省・感想〉 できたこと，できなかったこと， これから気をつけたいことをまとめよう
・計画，準備　　　　　　　　　A——B——C ・身じたく　　　　　　　　　　A——B——C ・グループ内での分担，協力　　A——B——C ・実習への意欲，取り組み　　　A——B——C ・学習内容の理解　　　　　　　A——B——C ・調理技術　　　　　　　　　　A——B——C ・盛りつけ，配膳　　　　　　　A——B——C ・味，できあがり　　　　　　　A——B——C ・後かたづけ　　　　　　　　　A——B——C ・ごみ削減の工夫　　　　　　　A——B——C	
〈今回の実習で身についたこと〉	〈今後の生活で改善・実行していきたいこと， さらに詳しく調べてみたいこと，など〉

| 調理実習の記録 | | 第　　回 | | | | | | | | | 年　　月　　日 | | |

献立	盛りつけ配膳図	この献立の栄養価	
		・エネルギー	kcal
		・たんぱく質	g
実習のねらい		・脂質	g
		・塩分	g
		材料費（1人分）	
			円

調理名	材料名	分量g (mL)		食品群										その他
				1群		2群		3群			4群			
		1人分	（　）人分・概量	乳・乳製品	卵	魚介・肉	豆・豆製品	野菜	いも	くだもの	穀類	油脂	砂糖	
計														

調理手順・ポイントなど	
（分）	

自己評価（A：優れている　B：普通　C：努力を要する）

・計画，準備　　　　　　　　A——B——C

・身じたく　　　　　　　　　A——B——C

・グループ内での分担，協力　A——B——C

・実習への意欲，取り組み　　A——B——C

・学習内容の理解　　　　　　A——B——C

・調理技術　　　　　　　　　A——B——C

・盛りつけ，配膳　　　　　　A——B——C

・味，できあがり　　　　　　A——B——C

・後かたづけ　　　　　　　　A——B——C

・ごみ削減の工夫　　　　　　A——B——C

〈反省・感想〉
できたこと，できなかったこと，
これから気をつけたいことをまとめよう

〈今回の実習で身についたこと〉

〈今後の生活で改善・実行していきたいこと，
さらに詳しく調べてみたいこと，など〉

献立	盛りつけ配膳図	この献立の栄養価	
		・エネルギー	kcal
		・たんぱく質	g
実習のねらい		・脂質	g
		・塩分	g
		材料費（1人分）	
			円

調理名	材料名	分量g (mL)		食品群										その他
				1群		2群		3群			4群			
		1人分	( )人分・概量	乳・乳製品	卵	魚介・肉	豆・豆製品	野菜	いも	くだもの	穀類	油脂	砂糖	
計														

調理手順・ポイントなど	
（分）	

自己評価（A：優れている　B：普通　C：努力を要する）

・計画，準備　　　　　　　　A ——— B ——— C

・身じたく　　　　　　　　　A ——— B ——— C

・グループ内での分担，協力　A ——— B ——— C

・実習への意欲，取り組み　　A ——— B ——— C

・学習内容の理解　　　　　　A ——— B ——— C

・調理技術　　　　　　　　　A ——— B ——— C

・盛りつけ，配膳　　　　　　A ——— B ——— C

・味，できあがり　　　　　　A ——— B ——— C

・後かたづけ　　　　　　　　A ——— B ——— C

・ごみ削減の工夫　　　　　　A ——— B ——— C

〈反省・感想〉
できたこと，できなかったこと，
これから気をつけたいことをまとめよう

〈今回の実習で身についたこと〉

〈今後の生活で改善・実行していきたいこと，
さらに詳しく調べてみたいこと，など〉

| 調理実習の記録 | | 第　　回 | | | | | | | | 年　　月　　日 | | | | |

献立	盛りつけ配膳図	この献立の栄養価	
		・エネルギー	kcal
		・たんぱく質	g
実習のねらい		・脂質	g
		・塩分	g
		材料費（1人分）	
			円

調理名	材料名	分量g (mL)		食品群										その他
				1群		2群		3群			4群			
		1人分	( ) 人分・概量	乳・乳製品	卵	魚介・肉	豆・豆製品	野菜	いも	くだもの	穀類	油脂	砂糖	
計														

100

調理手順・ポイントなど	
(分)	

自己評価（A：優れている　B：普通　C：努力を要する）

・計画，準備　　　　　　　　　A ——— B ——— C

・身じたく　　　　　　　　　　A ——— B ——— C

・グループ内での分担，協力　　A ——— B ——— C

・実習への意欲，取り組み　　　A ——— B ——— C

・学習内容の理解　　　　　　　A ——— B ——— C

・調理技術　　　　　　　　　　A ——— B ——— C

・盛りつけ，配膳　　　　　　　A ——— B ——— C

・味，できあがり　　　　　　　A ——— B ——— C

・後かたづけ　　　　　　　　　A ——— B ——— C

・ごみ削減の工夫　　　　　　　A ——— B ——— C

〈反省・感想〉
できたこと，できなかったこと，
これから気をつけたいことをまとめよう

〈今回の実習で身についたこと〉

〈今後の生活で改善・実行していきたいこと，
さらに詳しく調べてみたいこと，など〉

| 調理実習の記録 | | 第　回 | | | | | | 年　月　日 |

献立	盛りつけ配膳図	この献立の栄養価	
		・エネルギー	kcal
		・たんぱく質	g
実習のねらい		・脂質	g
		・塩分	g
		材料費（1人分）	
			円

調理名	材料名	分量g (mL)		食品群										その他
				1群		2群		3群			4群			
		1人分	(　)人分・概量	乳・乳製品	卵	魚介・肉	豆・豆製品	野菜	いも	くだもの	穀類	油脂	砂糖	
計														

102

調理手順・ポイントなど	
(分)	

自己評価（A：優れている　B：普通　C：努力を要する）

・計画，準備　　　　　　　　A ——— B ——— C

・身じたく　　　　　　　　　A ——— B ——— C

・グループ内での分担，協力　A ——— B ——— C

・実習への意欲，取り組み　　A ——— B ——— C

・学習内容の理解　　　　　　A ——— B ——— C

・調理技術　　　　　　　　　A ——— B ——— C

・盛りつけ，配膳　　　　　　A ——— B ——— C

・味，できあがり　　　　　　A ——— B ——— C

・後かたづけ　　　　　　　　A ——— B ——— C

・ごみ削減の工夫　　　　　　A ——— B ——— C

〈反省・感想〉
できたこと，できなかったこと，
これから気をつけたいことをまとめよう

〈今回の実習で身についたこと〉

〈今後の生活で改善・実行していきたいこと，
さらに詳しく調べてみたいこと，など〉

調理実習の記録　　　　　第　　回　　　　　　　　　　　　　年　　月　　日

献立	盛りつけ配膳図	この献立の栄養価	
		・エネルギー	kcal
		・たんぱく質	g
実習のねらい		・脂質	g
		・塩分	g
		材料費（1人分）	
			円

調理名	材料名	分量g (mL)		食品群										その他
				1群		2群		3群			4群			
		1人分	(　)人分・概量	乳・乳製品	卵	魚介・肉	豆・豆製品	野菜	いも	くだもの	穀類	油脂	砂糖	
計														

調理手順・ポイントなど	
(分)	

自己評価（A：優れている　B：普通　C：努力を要する）

・計画，準備　　　　　　　　A ─── B ─── C

・身じたく　　　　　　　　　A ─── B ─── C

・グループ内での分担，協力　A ─── B ─── C

・実習への意欲，取り組み　　A ─── B ─── C

・学習内容の理解　　　　　　A ─── B ─── C

・調理技術　　　　　　　　　A ─── B ─── C

・盛りつけ，配膳　　　　　　A ─── B ─── C

・味，できあがり　　　　　　A ─── B ─── C

・後かたづけ　　　　　　　　A ─── B ─── C

・ごみ削減の工夫　　　　　　A ─── B ─── C

〈反省・感想〉
できたこと，できなかったこと，
これから気をつけたいことをまとめよう

〈今回の実習で身についたこと〉

〈今後の生活で改善・実行していきたいこと，
さらに詳しく調べてみたいこと，など〉

| 調理実習の記録 | 第　回 | 年　月　日 |

献立	盛りつけ配膳図	この献立の栄養価		
		・エネルギー		kcal
		・たんぱく質		g
実習のねらい		・脂質		g
		・塩分		g
		材料費（1人分）		
				円

調理名	材料名	分量g (mL)		食品群										その他
				1群		2群		3群			4群			
		1人分	(　)人分・概量	乳・乳製品	卵	魚介・肉	豆・豆製品	野菜	いも	くだもの	穀類	油脂	砂糖	
計														

調理手順・ポイントなど

(分)	

自己評価（A：優れている　B：普通　C：努力を要する）

- 計画，準備　　　　　　　　　A ——— B ——— C
- 身じたく　　　　　　　　　　A ——— B ——— C
- グループ内での分担，協力　　A ——— B ——— C
- 実習への意欲，取り組み　　　A ——— B ——— C
- 学習内容の理解　　　　　　　A ——— B ——— C
- 調理技術　　　　　　　　　　A ——— B ——— C
- 盛りつけ，配膳　　　　　　　A ——— B ——— C
- 味，できあがり　　　　　　　A ——— B ——— C
- 後かたづけ　　　　　　　　　A ——— B ——— C
- ごみ削減の工夫　　　　　　　A ——— B ——— C

〈反省・感想〉
できたこと，できなかったこと，
これから気をつけたいことをまとめよう

〈今回の実習で身についたこと〉

〈今後の生活で改善・実行していきたいこと，
さらに詳しく調べてみたいこと，など〉

第1章 食生活と健康	第2章 栄養素のはたらきと食事計画
あなたはこの単元の学習を通して，どのようなことができるようになりたいですか？	あなたはこの単元の学習を通して，どのようなことができるようになりたいですか？
【自己評価】あなたの生活にいかせる学びができましたか？	【自己評価】あなたの生活にいかせる学びができましたか？
第3章 食品の特徴・表示・安全	第4章 調理の基本
あなたはこの単元の学習を通して，どのようなことができるようになりたいですか？	あなたはこの単元の学習を通して，どのようなことができるようになりたいですか？
【自己評価】あなたの生活にいかせる学びができましたか？	【自己評価】あなたの生活にいかせる学びができましたか？

第5章 料理様式とテーブルコーディネート	第6章 フードデザイン実習
あなたはこの単元の学習を通して，どのようなことができるようになりたいですか？	あなたはこの単元の学習を通して，どのようなことができるようになりたいですか？
【自己評価】あなたの生活にいかせる学びができましたか？	【自己評価】あなたの生活にいかせる学びができましたか？
第7章 食育	調理実習
あなたはこの単元の学習を通して，どのようなことができるようになりたいですか？	あなたはこの単元の学習を通して，どのようなことができるようになりたいですか？
【自己評価】あなたの生活にいかせる学びができましたか？	【自己評価】あなたの生活にいかせる学びができましたか？

テーマ			年　　　月　　　日
実験のねらい		試料	
		用具	
方法	操作のポイントや注意点もあわせて記録しておこう		
結果・考察	文章や写真で記録しよう	感想・反省	成功・失敗の原因と，次回実験をする時に注意したい点を記録しておこう

テーマ			年　　　月　　　日
実験のねらい		試料	
		用具	
方法	操作のポイントや注意点もあわせて記録しておこう		
結果・考察	文章や写真で記録しよう	感想・反省	成功・失敗の原因と，次回実験をする時に注意したい点を記録しておこう

テーマ		年　　　月　　　日
内容		

考察・感想	

テーマ		年　　　月　　　日
内容		

考察・感想	